한국철도문화재단 연구총서 1

지역사회 발전과 철도의 역할

한국철도문화재단 연구총서 1

지역사회 발전과 철도의 역할

초판 1쇄 인쇄일	2022년 12월 23일
초판 1쇄 발행일	2022년 12월 30일

지은이	이용상, 임병국
펴낸이	최길주

펴낸곳	도서출판 BG북갤러리
등록일자	2003년 11월 5일(제318-2003-000130호)
주소	서울시 영등포구 국회대로72길 6, 405호(여의도동, 아크로폴리스)
전화	02)761-7005(代)
팩스	02)761-7995
홈페이지	http://www.bookgallery.co.kr
E-mail	cgjpower@hanmail.net

ⓒ 이용상·임병국, 2022

ISBN 978-89-6495-260-3 93300

한국철도문화재단 연구총서 1

지역사회 발전과 철도의 역할

이용상 · 임병국 지음

B G 북갤러리

이 책은 근대교통인 철도의 부설로 인한 교통망의 변화를 살펴보고, 초기부터 고속철도 개통 이후까지 거시적인 분석과 함께 주요 지역을 답사하며 그 변천을 세밀하게 분석하였다.

　우리나라 교통망의 특징은 지형적인 조건을 반영하여 남북 중심의 교통망으로 동서 지역 간의 이동에 어려움이 있었다. 이러한 도로망의 여건하에서 수운은 상대적으로 전국적인 이동이 가능하여 철도 개통 이전에는 수운 중심의 교통망이었다고 해도 과언이 아니다.

　우리나라는 수운을 통해 화물 수송이 가능하였는데, 조선 시대의 경우 중앙집권적인 정치제도로 수운을 통한 조세가 일단 서울(경강)로 와서 다시 분배되는 체계를 보였다.

　그러나 1876년 개항과 함께 개항지 중심 무역의 발달로 이곳과 내륙도시를 연결하는 철도망이 들어서면서 철도 중심의 교통 체계가 형성되었다. 이른바 '철도도시'가 탄생하였고, 상대적으로 강을 이용한 수운이 쇠퇴하게 되었다.

　이러한 철도망 중심의 지역 발전이 계속되다가 1960년 이후 고속도로와 도로의 발전으로 철도 노선과 역 주변의 성장이 멈추게 되었다.

　그러나 급격한 자동차의 증가로 도시교통의 정체 문제와 지역 간의 원활한 이동을 위해 도시철도와 고속철도라는 신개념의 철도가 등장했다. 1974년 도시철도의 개통과 2004년 고속철도의 개통은 지역의 변화에 새로운 모멘텀이 되었다. 도시

철도가 6대 도시로 확장되고, 수도권의 경우는 광역철도로 확장되어 수도권 인구 2,000만 명의 메갈로폴리스의 이동을 원활히 하는 수단으로 자리매김하였다.

고속철도의 경우도 경부선과 호남선을 중심으로 전국으로 고속철도망이 확대되면서 정차역 중심으로 역세권과 약 70km 거리의 영향권이 형성되어 그 효과는 매우 크다고 하겠다.

이 책의 내용은 시간적으로 약 200년을 시야에 두고 철도망 이전의 교통망을 조망한 후 철도 교통망의 개통에 따른 지역과 도시의 변화를 분석하였는데, 철도로 인해 발전한 도시와 함께 철도역 주변 지역의 침체로 쇠퇴한 사례 등도 언급함으로써 철도와 지역의 상호 영향력을 조명하여 보고자 하였다.

이 책은 '한국철도문화재단 연구총서'로 출판하며, 향후 연구총서는 계속 발행될 예정이다.

이 책이 출간되기까지 함께 연구한 정병현 교수님(우송대)과 글을 읽고 여러 가지 조언을 주신 허우긍 명예교수님(서울대), 이상규 명예교수님(고신대), 고동환 교수님(KAIST)께 감사의 말씀을 드린다.

아울러 철도문화재단을 초기부터 이끌어 주신 김동건 초대 철도문화재단 이사장님과 이사님들, 운영위원님께도 감사의 말씀을 전하고, 늘 출판을 흔쾌하게 허락해 주시는 북갤러리 최길주 사장님께도 인사를 드린다.

마지막으로 '철도'라는 학문을 통해 사회를 새롭게 해석하고 개선하도록 가르침을 주신 선배님들, 동학들, 후배들과 지금도 신선한 자극을 주는 제자들에게도 감사를 전하며 늘 사랑과 격려를 해주는 가족들에게 이 자리를 빌려 사랑과 존경을 표한다.

2022년 12월 4일 주일 오후

고즈넉한 서재에서

도시의 사전적인 의미는 도읍(都邑), 곧 정치 또는 행정의 중심지라는 뜻과 시장(市場), 곧 경제의 중심지라는 뜻이 내포되어 있다. 조선 시대의 도시는 한성을 비롯하여 공주, 대구, 전주, 평양, 의주 등지는 정치·행정적인 중심지이자 전국적인 큰 장시(場市)의 소재지 또는 상거래의 중심지였다.

현대에 있어 도시가 갖추어야 할 요건으로는 많은 인구와 농업이 아닌 산업, 도시적 경관 그리고 중심성 등을 들 수 있으나, 인구의 문제는 상대적인 면이 있어 정보 매체와 교통, 상공업, 관리(管理) 등 각 기능의 중심성이 더욱 중요하다고 할 수 있다.

문명사적으로 볼 때 도시는 신전(神殿)의 도시로 시작되어 왕권의 도시, 봉건 영주와 사원의 도시, 상공인들의 도시로 이어오다가, 산업혁명 이후에는 공업 도시와 관리 도시로 기능이 변화해 왔다.

한편 도시의 탄생에는 교통망이 큰 역할을 하였다. 로마 시대 '로마의 길'이 바로 그러한 예이다. 아울러 근대에 들어오면서 인구 100만 명의 도시가 탄생하는 데 철도가 크게 기여하였다. 특히 철도를 통한 여객과 화물의 이동으로 이를 충분하게 활용한 거점도시가 탄생한 것이다. 예를 들면 1801년 파리 인구는 55만 명이었는데 1842년 철도가 부설되면서 1846년에 105만 명, 1881년에 227만 명으로 증가하였다.

일본의 도쿄도 철도가 부설된 1872년 당시 인구는 86만 명이었는데 1876년에

102만 명, 1910년에 242만 명, 1930년에 540만 명으로 급격하게 증가하였다.

오늘날의 도시는 그 규모가 크게 분화되어 인구 1천만 명이 넘는 초대형 도시가 있는가 하면 5천 명 내외의 작은 도시도 허다하다. 또 각각 다른 여건에 따라 양상이 다른 도시화 과정을 밟아오기는 하였으나, 오늘날 전 세계는 선진과 후진의 구별 없이 모두가 급격한 도시화 시대, 도시 문명의 시대에 들어서 있다.

이 책에서는 우리나라 교통망의 변화와 근대 철도망이 들어오면서 새로운 도시들이 탄생한 것에 주목하여 설명해 보고자 한다.

제1장

철도 개통 이전의 교통과 지역

제1장 철도 개통 이전의 교통과 지역

1. 철도 개통 이전의 지역 교통상황

1) 우리나라 교통망

교통망에서 먼저 고려해야 할 것은 지형적인 여건이다. 도시는 정치와 경제적인 중심지로서 사람들이 편리하게 거주하고, 이동이 편리한 곳에 자리 잡는다. 우리나라의 지형을 보면 동고서저(동쪽이 높고 서쪽이 낮은 지형)의 지형과 배산임수의 특징으로 큰 도시는 대부분 서쪽에 위치하고 수운과 연관된 곳이 많다.

(1) 도로

조선 시대의 도로망을 보면 우리나라의 지형을 반영하여 지역과 지역을

〈그림 1〉 우리나라의 지형(산맥과 강)
(출처 : 한국지리교과서)

연결하였는데, 중국 등 대륙과의 경제적인 교류 등으로 교통망은 기본적으로 남북 종관형의 특징을 보이며, 동서 간의 교통로는 지형적인 여건과 경제적인 교류의 필요성이 적어 지역 간의 상호교류는 발전의 속도가 늦었다.

조선 시대의 도로는 《동국문헌비고》와 《대동지지》에 따르면 10대 간선도로는 한양에서 북쪽으로 2개(1로, 2로), 동쪽으로 2개(3로, 10로), 남쪽으로 4개(4로, 5로, 6로, 7로), 서쪽으로 2개(8로, 9로)가 있었다.

도로별 경유지를 보면 다음과 같다.

1로(一路)는 한양~고양~파주~평양~정주를 거쳐 국경 의주(義州)에 이르는 길.

2로(二路)는 한양~원산~영흥~함흥을 거쳐 국경 두만강 하구 서수라(西水羅; 우리 땅 산경 장백정간의 종점)에 이른다.

3로(三路)는 한양~원주~동해안 강릉을 거쳐 평해(平海; 현 경북 울진군 평해읍)에 이르는 소위 관동로(關東路)이다.

4로(四路)는 한양~판교~용인~양지(陽智; 현 용인시 양지면)~광암~달내(達川; 속리산에서 발원하여 충주로 흘러 남한강에 합수, 3대 명수의 하나)~충주~조령~문경~유곡역(幽谷驛; 문경시 남쪽에 있음)~낙원역~낙동진(洛東鎭; 현 상주시 낙동면)~대구~청도~밀양~황산역을 거쳐 동래(東萊), 부산(釜山)에 이르는 길이다.

5로(五路)는 한양~유곡역은 4로(四路)와 같고, 유곡역~상주~성주~현풍~칠원~함안~진해~고성을 지나 통영(統營)으로 통한다.

6로(六路)는 한양~동작나루~과천~수원~천안~공주~여산~삼례역~전주~남원~함양~진주를 거쳐 통영에 이르는 길인데, 한양에서 보면 경상도로 가는 길 세 개 중에서 오른쪽에 있어 '경상우로(慶尙右路)'라 하였다.

7로(七路)는 한양~삼례역은 6로(六路)와 같고, 삼례역~태인~정읍~장성~나주

~영암~해남을 거쳐 수로로 제주(濟州)에 다다른다.

8로(八路)는 한양~평택~소사를 거쳐 충청수영(忠淸水營; 현 충남 보령시 오창에 있었음)에 이르는 길이다.

9로(九路)는 한양에서 강화(江華)에 연결되며,

10로(十路)는 한양~충주를 지나 안동(安東)과 봉화(奉化)에 이르는 길이다.

우리나라의 도로망은 이처럼 남북이 중심이 되어 동서 지역 간의 이동에는 한계가 있었다.

한편 조선 시대 지방관이 파견된 목을 보면 〈그림 2〉와 같은데, 경부 축에는 경주와 안동, 상주, 호남 축에는 전주와 광주, 나주, 충청도에는 충주와 청주, 공주, 경기도 쪽에는 한성과 광주, 여주, 강원도에는 원주, 북쪽으로는 개성과 평양, 정주, 의주, 함흥, 길주 등이었다.

이를 통하여 보면 조선 시대의 경우 남북으로 도로망이 형성되었고, 상대적으로 동서축이 발달하지 못하여 강원도 지역은 원주와 강릉 정도가 그나마 인구가 밀집된 곳이었다.

도로와 밀접한 관련이 있고 상업이 번성한 지역으로 시전과 사상도고(私商都賈) 등 상인들의 세력이 컸던 고을은 한성과 개성, 평양, 전주, 상주, 대구, 충주, 의주 등 도시인구가 1만

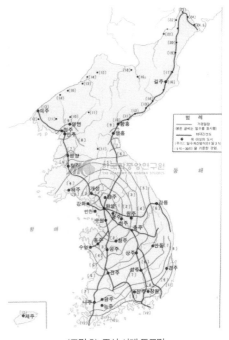

〈그림 2〉 조선 시대 도로망
(도로 10로, 출처 : 한국학중앙연구원)

~3만 명의 규모였다. 외국무역이 이루어졌던 한성과 부산, 의주, 경성에서 큰 장시가 열렸다.

조선 시대 후기의 인구 5,000명 이상의 도시는 경기도에 한성과 개성, 강화, 광주, 양주, 충청도에 충주와 공주, 당진, 청주, 부여, 온양, 아산이었다. 전라도는 전주와 나주, 광주, 태인, 제주, 경상도는 동래와 밀양, 부산, 진주, 거제, 대구, 상주, 안동, 경주, 의성이었다. 황해도는 해주와 황주 연안이었으며, 평안도는 평양과 의주, 영유, 성천, 선천, 정주, 안주, 창성, 초산, 상원, 철산, 덕산, 가산 등이었다. 함경도는 경성과 길주, 단천, 영천, 함흥, 흥원으로 교통망과도 밀접한 관련이 있다.

〈표 1〉 조선 시대의 주요 도시(18세기 후반)

도별	인구 5,000명 이상의 도시	수운 관련 도시	개 수
경기	한성, 개성, 강화, 광주, 양주	한성	5
강원	없음		
충청	충주, 공주, 당진, 청주, 부여, 온양, 아산	충주, 공주, 청주, 부여	7
전라	전주, 나주, 광주, 태인, 제주	나주	5
경상	동래, 밀양, 부산, 진주, 거제, 대구, 상주, 안동, 경주, 의성	동래, 밀양, 부산, 안동	10
황해	해주, 황주, 연안		3
평안	평양, 의주, 영유, 성천, 선천, 정주, 안주, 창성, 초산, 상원, 철산, 덕산, 가산	의주	13
함경	경성, 길주, 단천, 영천, 함흥, 흥원		6

자료 손정목(1977), 《조선 시대 도시사회연구》, 일지사, p.223.

(2) 수운

우리나라에는 수운을 이용할 수 있는 큰 강이 많다. 두만강과 압록강, 대동강, 한강, 낙동강의 5대강을 비롯하여 청천강, 예성강, 임진강, 만경강, 영산강 등이 있다.

조선 시대에는 도로 여건이 좋지 않아 교통은 주로 하천을 이용하였고, 주변 정리가 제대로 되지 않아 암초와 모래섬, 산림의 남벌로 민둥산도 많았다. 수원확보가 어려워 평소에는 고갈되고, 비가 오면 범람하는 예가 많았다.

수운과 관련한 자료는 국사편찬위원회와《한국민족문화대백과사전》그리고 이 분야의 전문가인 고동환 교수 등의 자료를 참고하여 정리해 보고자 한다.

수운과 관련한 도시는 한강으로는 한성(마포, 용산, 서강)과 춘천, 원주, 충주, 청주, 금강으로는 공주와 강경, 영산강은 영광과 나주, 낙동강은 대구와 진주, 문경, 삼랑진, 대동강은 평양과 남포 등이었다.

당시 수운과 밀접한 관계를 맺고 있는 것이 수운으로 세금을 운반하는 조운이었다. 조운로를 보면, 이는 해로와 강의 수운을 이용한 것임을 알 수 있다.

조운의 편의를 고려하여 한양에 도읍을 정한 조선왕조였지만, 처음에는 고려를 계승하여 서해안과 남해안 지역에 몇 개의 조창을 설치하고 이를 기점으로 해운에 역점을 두었다. 건국 직후 왜구에 대한 경비책을 강화하여 왜구의 횡포가 점차 제거되면서 각 지방의 세곡을 해운으로 수송하도록 하였다.

그러나 우리나라의 연해안은 다도해로서 항로의 사정이 양호하지 못하였다. 그중에서도 장연의 장산곶(長

〈그림 3〉 조선 시대의 조운(출처 : 국사편찬위원회)

山串), 태안의 안흥량(安興梁), 강화의 손돌항(孫乭項), 임천의 남당진(南堂津), 영광의 칠산량(七山梁) 등은 항해하기에 험난한 항로였다.

게다가 조선 초기에는 항해기술도 이와 같은 지형 조건을 쉽게 극복할 만큼 뛰어나지 못하여 난파 좌초되는 일이 많았다. 즉 태조 4년(1395년)의 경상도 조선 16척, 태종 3년(1403년)의 경상도 조선 34척, 태종 14년(1414년)의 전라도 조선 66척, 세조 원년(1455년)의 전라도 조선 55척의 침몰 등 큰 사고가 있었다. 이는 국가 재정상의 손실은 말할 것도 없고, 조선과 조군의 확보 문제와 아울러 민심에도 영향을 주었다.

조운은 조창의 위치에 따라 몇 개의 해로가 존재하였다. 전라도에는 영광의 법성포(法聖浦), 나주의 영산창(榮山倉), 함열의 덕성창(德成倉)에 조창이 있어 해로를 통해 서울로 운송하였다.

충청도에는 아산의 공진창(貢津倉)과 충주의 가흥창(可興倉)이 있었는데, 공진창에서는 서해를, 가흥창에서는 남한강을 통해 서울로 연결되었다.

북한강 유역에서는 춘천의 소양강창(昭陽江倉)과 원주의 흥원창(興原倉)이 강원도 조세를 운송하였으며, 황해도 강음의 조읍포창(助邑浦倉)은 해로를, 배천의 금곡포창(金谷浦倉)은 내륙 수운을 이용하였다.

국방상의 요지인 함경도와 평안도는 조세를 해당 지역의 군수 물자로 사용하도록 하여 서울로 운송하지 않았으며, 경상도는 남부 지역의 경우 동래부에서 수납하고, 내륙에 인접한 북부 지역의 일부는 충주 가흥창에 조운을 이용하여 세금을 납부하였다.

압록강은 신의주의 목재, 대동강은 평양의 석탄, 금강은 강경의 미곡 등의 수운 통로로 이용되었다. 20세기 초기인 1915년경의 자료를 통해 본 당시 강의 상황이다.

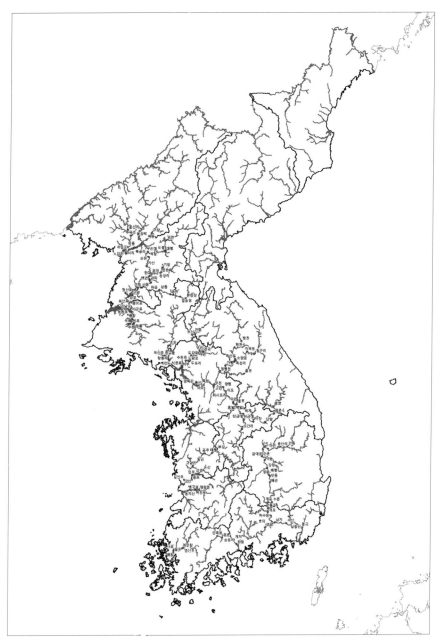

〈그림 4〉 우리나라의 수운, 출처 : 고대대학교 민족문화연구원, 한국 근대 전자역사지도
http://waks.aks.ac.kr/rsh/dir/rdir.aspx?rshID=AKS-2011 EBZ-3105

두만강

두만강은 백두산의 동쪽에서 시작하여 함경북도 북부의 작은 물줄기들을 모아 동북으로 흘러 만주의 간도 지방에서 오는 해란강과 합류하여 동해 쪽으로 들어가는 약 390km의 긴 강으로, 수량은 많으나 강바닥이 거칠어 하구에서 80km 정도인 경원군 근방까지만 소형의 배가 다닐 수 있다.

압록강

압록강은 백두산의 서쪽에서 발원하여 함경남도와 평안북도의 여러 물줄기와 만주 쪽의 여러 물줄기가 합류하여 황해로 들어가는 길이 약 660km로 한반도에서 제일 길다. 하류에는 1,000톤 내외의 기선이 하구에서 안동(지금의 단둥)을 거쳐 100여 km 상류 창성까지 운행하였다. 모래섬과 암초의 위험은 있지만 작은 배는 혜산진까지 갈 수 있다.

대동강

대동강은 평안남도의 동북쪽에서 출발하여 서남쪽으로 흐르는 대동북강이 평양 동쪽에서 대동남강과 합쳐 평양시가의 동쪽으로 흘러 재령강과 합류하여 폭이 넓어지면서 바다로 흘러간다. 하구에서 겸이포까지는 수천 톤의 기선이 자유롭게 왕래하고, 50톤 내외의 작은 배들은 평양까지, 그보다 작은 배는 하구에서 약 180km 떨어진 별창(북강) 덕천(남강)까지 운행하고 있다.

한강

한강은 강원도 북부에서 발원한 북한강과 강원도 남부에서 발원하여 충청북도 동북부에서 여러 물줄기가 남한강과 합류하여 경기도의 중앙을 거쳐 서울의 동남쪽을 돌아 서쪽으로 흐르면서 예성강, 임진강과 합류하여 강화만으로 들어가는 반도 중부의 큰 강이다.

강의 길이는 약 390km로 작은 증기선은 용산까지 다니고, 약 150km 상류 북창까지는 50~60석(섬이라고 표현되며 무게는 150~200kg)을 싣는 배가, 춘천까

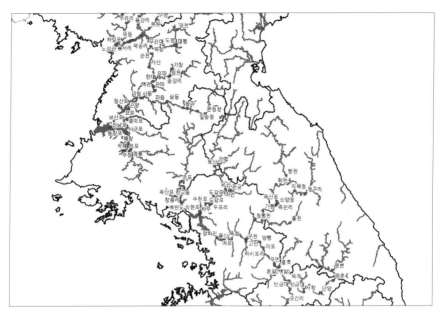

〈지도 1〉중부지역의 수운
출처 : 고려대학교 민족문화연구원, 한국 근대 전자역사지도
http://waks.aks.ac.kr/rsh/dir/rdir.aspx?rshID=AKS-2011-EBZ-3105

마포 선착장 : 마포는 경성의 서남쪽으로 약 4km 떨어진 한강 연안의 포구이다. 철도가 발달할 때까지는 경성을 위한 주요 항구로, 여기까지 배로 운송하여 짐을 운반하였다. 건너편 강가를 왕래하는 나룻배가 다니며, 부근에는 여러 공장이 있다.

지는 작은 배가 다녔다.

한강의 수운을 이용하여 번성한 지역으로는 경강의 용산, 마포, 서강이 있으며, 남한강의 충주, 북한강의 춘천이다.

낙동강

낙동강은 태백산맥과 소백산맥의 여러 갈래의 물을 합해 경상남북도를 종관하여 남으로 흘러 부산의 서쪽에 이르는 유역 약 430km의 남한 최대의 강이다. 경상남북도 대부분을 권역으로 하고 있으며, 수량이 많을 때는 안동까지 배가 다녔고 평시에도 낙동 이하도 배가 다녔다.

철도가 개통되기 이전 경상도 지역 대부분의 화물 수송은 낙동강 수운에 의존하였다. 낙동강 본류의 중요한 포구들은 하단과 구포, 삼랑진, 수산, 남지, 현풍, 왜

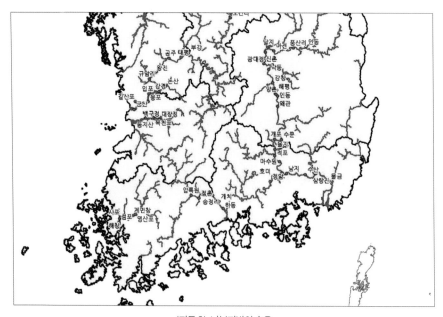

〈지도 2〉 남부지방의 수운
출처 : 고려대학교 민족문화연구원, 한국 근대 전자역사지도
http://waks.aks.ac.kr/rsh/dir/rdir.aspx?rshID=AKS-2011-EBZ-3105

관, 낙동, 풍산, 안동 등이었다. 아울러 대구도 낙동강 나루터인 사문진에서 12km 떨어진 경상도의 중앙에 위치하여 수운 수송에 큰 영향을 받았다. 철도가 개통된 이후에도 낙동강 수운은 구포와 하단으로 연결되어 경부선 철도를 통해 전국으로 수송할 수 있었다.

기타

금강은 하구에서 약 44km의 강경까지 소형 증기선이 다니고, 작은 배는 하구에서 135km 떨어진 부강까지 운행하였다.

영산강은 하구 목포에서 85km의 방하동까지 운항하였으며, 목포~영산포 간은 소형 증기선이 왕래하였다. 이들 강은 매년 겨울철에는 최장 11월부터 3월까지, 최단 12월부터 2월까지 강물의 결빙으로 운행이 불가하였다.

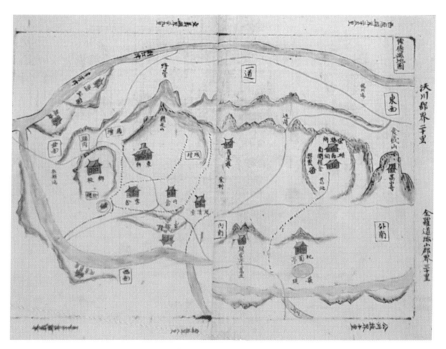

〈지도 3〉 금강과 대전의 회덕

금강의 수운은 군산에서 출발하여 부강까지 연결되었으며, 주요 포구로는 웅포와 입포, 강경, 규암리, 공주, 논산 등이 있다.

강경은 수운과 연결된 수송이 많았으며 1902년 소형 증기선이 강경과 군산 간 운항을 시작하였다. 당시 중국과 강경 간의 증기선이 군산보다 앞서 운항하였다.

1912년 기록을 보면 당시 수운으로 강경에서 금강을 통해 석성까지 1시간, 규암리 3시간, 부여까지 3시간 30분이 소요되었다. 1927년에는 빠른 배를 투입하여 강경에서 오전 9시와 오후 6시 출항하여 부여까지 소요 시간이 1시간으로 단축되었으며, 운임은 편도 95전(현재 가격 약 9,000원)이었다.

역사적으로 보면 강경은 1912년 은진군 김포면(전북 여산군 북일면 일부 편입), 1914년 3월 1일 논산군 강경면으로 개정되었다. 이후 1915년 전북 익산군 망성면 작촌리를 일부 병합하였으며, 1931년 4월 1일 강경읍으로 승격하였다.

당시 전성기 강경은 포구의 하역을 돕는 노동조합원의 수가 만 1명까지 있었다는 기록이 있다. 강경의 번성을 알 수 있는 것이 법원과 경찰서, 세무서 등이 이곳에 자리 잡은 것에서도 알 수 있다.

당시의 수운을 통해 많은 물건을 수송했기 때문에 은행도 번성하였다. 근대기에 한호농공은행지점, 한일은행지점, 삼남식산주식회사, 강경신탁주식회사 등 7개의 금융기관이 있을 정도로 번성하였으며, 역 주변에도 2

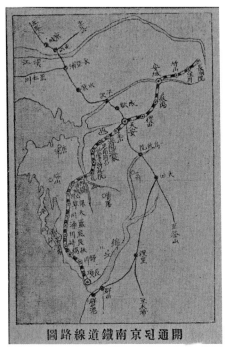

〈지도 4〉 금강의 뱃길과 교통로
(출처 : 〈매일신보〉 1931.8.2.)

개의 여관이 있었고 숙박료는 특등 5원, 1등 4원, 3등 3원의 요금을 받았다.

번성했던 강경은 쇠락의 길을 걷게 되었는데, 그 이유는 철도 개통으로 금강 상류의 강경 상권에 포함되었던 지역이 상권에서 벗어나게 되었기 때문이다.

해방 후 강경은 호남고속도로 노선에 포함되지 않았고, 한때 철마다 생선과 쌀 운반선으로 100척 이상 들어왔던 배도 상류의 토사로 결국 수운이 중지되었다.

영산강은 목포에서 영산포까지 40km 구간에 선박이 운항하였다. 지금의 광주광역시 서구 서창동까지 올라간 배는 큰 배는 아니었고 조그만 나룻배(江船)였다. 조선 시대 영산포 상류의 수심은 1m 내외였지만 곳곳에 수심이 60cm도 못 미치는 곳이 많았다.

영산포의 상류는 해선이 항행하기는 불가능했고, 나룻배만이 다닐 수 있었다. 바다를 항해하는 범선은 영산포에서 2.4km 상류에 있었던 노항포(路項浦)까지만 항행할 수 있었다. 영산포에서 목포까지는 영산강의 중·하류 지역이다.

이 구역에는 수많은 여울이 산재해 있어 선박이 항해하려면 밀물을 기다려야만 했다. 목포에서 영산포까지 항해시간은 선박의 종류에 따라 달랐다. 증기선의 경우, 소강에는 4시간 반, 하강에는 3시간, 돛단배의 경우 소강에 18시간, 하강에 12시간이 소요되었다.

철도는 이보다 훨씬 빨라 2시간이면 충분했다. 그러나 영산강 수운은 호남선 철도 개통 이후에도 철도교통에서 소외된 지역의 교통 수요를 충족시키면서 생명력을 이어갔다.

영산강 유역의 장시망은 일반 군현처럼 군현의 읍치에서 열리는 읍내장을 중심으로 주변 농촌 지역의 소규모 장시를 연결하는 장시망과 영산강 수운을 기초로 한 광역의 장시망의 이중구조로 구성되어 있었다.

읍내를 중심으로 한 장시망이 지역 내부의 네트워크라고 한다면, 영산강 수로를 통한 장시망은 영산강 유역을 넘어서서 다른 지역으로 연결하는 지역 간 네트워크

영산강의 수운(출처 : 전남 100주년 사진집 인용)

였다. 영산강 유역에서 생산된 농업생산물은 읍내 중심의 장시망에서 집산된 후, 영산강 수로의 장시망을 통해 외부로 반출되었다.[1]

　이들 강은 매년 겨울철에는 최장 11월부터 3월까지, 최단 12월부터 2월까지는 강물의 결빙으로 운항할 수 없었다.

　1920년대 후반, 목포항에 일본으로 갈 쌀을 실은 배들이 정박해 있었다. 이 쌀들은 영암과 나주 들녘에서 영산강을 통해 운반되었다. 가장 큰 변화 중의 하나는 1980년대 초반 하구언 건설에 따른 지형과 지물의 변화이다.

　1908년 한 달 평균 배편을 이용해 목포에서 영산포를 오간 사람 수는 1,212명이었다. 이 중에서 한국인이 60%였고, 일본인이 40%를 차지한다고 기록되어 있다.

....

1) 고동환(2011), '조선 후기~한말 영산강 수운과 시장', 도서문화, 목포대학교 도서문화연구원, pp.9~38

그러나 1914년 호남선이 개통되면서 목포~영산포 간 뱃길은 큰 변화를 겪었다. 영산포에서 목포까지 철도 운행시간은 두 시간에 불과해 이용객이 폭증하고 항로 이용은 급감했다. 우리나라 수운은 한반도 깊숙한 곳까지 물길로 연결될 수 있었고, 삼면이 바다로 둘러싸여 교통의 중심은 수운이었다. 이러한 수운의 우월성으로 육상운송에서 수레의 사용에도 제한이 있었다. 이처럼 수운의 영향력이 압도적이었지만 조선 시대에는 명나라의 해금 정책을 계승하여 대양 항해가 금지되어 국내 연안 항해만이 유지되었다.

근대 교통망으로 철도가 생기기 전까지 우리나라 교통망은 수운이 압도적인 우위를 차지하였다.

2) 교통과 장시

조선 후기의 장시는 전국적으로 1,000여 개 있었는데 주요 교통로에 위치하였다. 당시의 《신증동국여지승람》,《세종실록》 등의 자료를 통해 정리해 보았다

조선 후기 충청도 도로

조선 후기 6로(六路)는 한양~동작나루~과천~수원~천안~공주~여산~삼례역~전주~남원~함양~진주를 거쳐 통영에 이르는 길인데, 한양에서 보면 경상도로 가는 길 세 개 중에서 오른쪽에 있어 '경상우로(慶尙右

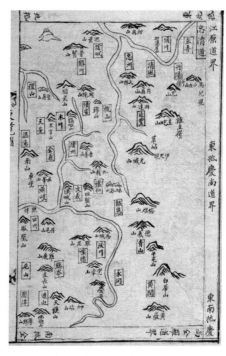

〈지도 5〉 신증동국여지승람(조선 중기)
출처 : 서울대학교 규장각

路)'라 하였다.

조선 시대 우리나라 충청도에는 율봉도를 비롯해 일신도와 연원도, 성환도, 황강도, 증약도, 시흥도, 금정도, 이인도가 설치되었다.

조선 시대 역제를 개편하는 과정에서 죽산과 진천을 거처 율봉도는 율봉역(청주)과 쌍수역(청주), 저산역, 장양역(진천), 태랑역(진천), 시화역, 증약역(曾若驛, 옥천), 가화역(嘉禾驛, 옥천), 토파역(土破驛, 옥천), 순양역(順陽驛), 화인역(化仁驛), 전민역(田民驛), 덕류역, 회동역(영동), 신흥역(新興驛, 황간), 사림역(舍林驛), 원암역(原巖驛) 등 17개 속역을 관할하는 역도로 확립되었다. 근대도시 대전의 이전에는 율봉로의 소역으로 전민(회덕)이 있었고 이 지역을 중심으로 마을이 형성되었다.

〈표 2〉 조선 역로(율봉도)

도명	역도명	중역	소역
충청도	율봉도	율봉(청주), 장양(진천), 덕류(문의), 증약(옥천), 회동(영동), 신흥(황간)	순양(옥천), 원령, 음림(보은), 전민(회덕)

자료 《세종실록지리지》

〈세종실록〉 제149권, '지리지 충청도'를 보면 충청도에는 다음과 같은 역이 있었다.

율봉도(栗峯道)의 관할 역은 진천의 장양(長楊)과 태랑(台郎), 청주의 쌍수(雙樹)와 저산(猪山), 청안의 시화(時化 또는 時和), 문의의 덕역(德驛 또는 德留驛), 옥천의 증약(增若)과 가화(嘉和), 토파(土坡), 순양(順陽), 화인(化仁), 영동의 회동(會同), 황간의 신흥(新興), 보은의 원암(元巖 또는 原巖)과 함림(含林), 회덕의 전민(田民 또는 貞民) 등 16개 역이다.

일신도(日新道)의 관할은 5개 역이다. 중심역은 역승(驛丞)이 주재하였다. 성종 이후 성환도(成歡道)에 병합되었다. 이에 속하는 역은 경천(敬天, 공주)과 광정(廣程, 공주), 평천(平川, 연산), 단평(丹平, 공주), 유구(維鳩, 공주) 등 5개이다.

연원도(連原道)의 역은 충주의 단월(丹月)과 가흥(可興 또는 嘉興), 용안(用安), 괴산의 인산(仁山), 음성의 감원(坎原), 연풍의 신풍(新豊)과 안부(安富), 청풍의 황강(黃江)과 수산(水山 또는 壽山), 안음(安陰), 단양의 장림(長林)과 영천(令泉 또는 靈泉), 영춘의 오사(吾賜), 제천의 천남(泉南) 등 14개 역이다.

성환도(成歡道)의 관할에 속하는 역은 천안의 신은(新恩)과 김제(金蹄), 공주의 광정(廣程)과 단평(丹平), 일신(日新), 경천(敬天), 유구(惟俱 또는 維鳩), 연산의 평천(平川), 연기의 금사(金沙), 청주의 장명(長命), 목천의 연춘(延春 또는 迎春) 등

11개 역이다.

황강도(黃江道)의 관할 역은 청풍의 수산(水山)과 안음(安陰), 단양의 장림(長林)과 영천(令泉), 제천의 천남(泉南), 영춘의 의풍(義豊, 속칭 吾賜) 등 6개 역이다.

증약도(增若道)의 관할 역은 옥천의 가화(嘉和)와 화인(化仁), 토파(土坡), 순양(順陽), 보은의 원암(元岩)과 함림(含林), 영동의 회동(會同), 황간의 신흥(新興), 회덕의 전민(田民) 등 9개 역이다.

시흥도(時興道)의 관할 역은 신창의 창덕(昌德), 예산의 일흥(日興), 덕산의 급천(汲泉), 면천의 순성(順城), 당진의 흥세(興世), 아산의 장시(長時), 평택의 화천역(花川驛) 등 7개 역이다. 뒤에 금정도(金井道)와 병합되었다.

금정도의 관할 역은 대흥의 광시(光時), 결성의 해문(海門), 보령의 청연(靑淵), 홍주의 세천(世川)과 용곡(龍谷), 해미의 몽웅(夢熊), 태안의 하천(下川), 서산의 풍전(豊田) 등 8개 역이었다. 그러나 뒤에 시흥도(時興道)가 금정도에 병합됨에 따라 시흥도에 딸린 8개 역도 이에 소속되었다.

이인도(利仁道)의 관할 역은 9개이다. 용전(龍田)과 은산(銀山), 유양(楡陽), 숙홍(宿鴻), 남전(藍田), 청화(靑化), 두곡(豆谷), 신곡(新谷), 영유(靈楡) 등이다. 분행(分行)과 좌찬(佐贊) 2역(驛)은 경기 찰방도(京畿察訪道)를 관할하였다.

2. 철도 개통 전후의 교통

1) 한일합방 이전

철도가 출현하기 이전 조선은 1876년 이후 우편 취급을 개시하였으며, 이후 1884년에는 전신까지 취급하게 되었다. 그러나 일반 교통은 매우 미흡한 상태였다.

조선 정부의 시설로는 도로의 구축에 관한 과역법과 통신에 관한 우편 규칙과 그에 따른 우편사 등이 있었다. 민간에는 들것이나 짐말, 가마 등을 이용하는 자유노동자와 매우 영세한 강(江) 운송업자 그리고 여객 화물은 중계기관이라고도 할수 있는 객주 등이 있었으나, 교통 수요가 적어 교통이 매우 황폐한 상황이었다.

도로는 과역법에 의해 민간 비용으로 구축하는 제도가 있었으나, 사실상 실효성이 없는 법이 되어 파괴되어도 그대로 방치되었다. 주요 간선 가도조차 말로 통과할 수 있는 곳이 많지 않았으며, 하천에는 교량이 거의 없어 도보나 배로 건너다녔다. 더욱이 우기에는 하천이 범람하여 교통이 자주 끊기는 상태였다.

도로가 없는 상황이었기 때문에 여행은 도보나 교자 또는 짐말에, 화물의 운송도 들것이나 짐말에 의존할 수밖에 없었다. 역참의 뒤를 이어 생겨난 우편사의 운송도 짐말이나 보행의 방법을 이용했다.

가마는 장거리의 빠른 여행에 적합하지 않았고, 여러 명의 인부가 필요하여서임금이 비싸 일부 부유층만이 이용하였다. 짐말은 장거리 여행이 가능하여 어느지역에서나 요구되었다.

화물 운송은 소량의 단거리일 경우 대부분 들것을 이용하였으며, 대량의 원거리일 경우에는 짐말을 이용했다.

그러나 짐말이 운반할 수 있는 양도 쌀 8가마 또는 석유 3통 정도였고, 장거리운송의 경우 짐말 업자를 신용하기 힘든 데다 연대제(連帶制)도 도입되지 않은 상태여서 반드시 보조인이 필요하였다. 따라서 운송 비용이 많이 들어서 사실상 대량화물의 원거리 운반은 거의 불가능했다.

도로교통이 불안정한 상태에서 하천 운송은 내륙 교통의 중요한 역할을 했다. 압록강, 청천강, 금강, 낙동강 등은 그 중류 이하에서 모두 봉선(조선 고유의 범선) 또는 일본 선박을 이용했다. 하천의 상태에 따라 운송 범위가 자주 바뀌었으며, 선박의 구조가 매우 조잡하고 왜소하여 운항에 어려움이 따랐다. 그러나 육로운송과 비교하면 수송력이 훨씬 뛰어나고 임금도 저렴하여 여객과 화물이 모두 하천 운송에 집중되는데, 특히 화물 운송에 많이 이용되었다.

(1) 근대의 도로(1914년)

대한제국 시대의 도로는 2, 3개 간선에는 차량이 통행할 수 있었다. 하지만 폭은 한 간(1.8m) 정도의 협소한 길이었으며, 지형에 따라 기울기가 심하고 요철이 많았다. 또한 하천에는 다리도 없어 작은 개울은 도보로 건너고 큰 강에는 나룻배 운송이 고작이었다. 장마철이나 출수기에는 교통이 끊기고 물이 줄기를 기다릴 뿐이었다. 여객은 도보로 걷고 말 등이나 가마를 이용하고, 화물은 지게에 지고 소나 말 등에 싣고 다녔다. 1906년 4월 정부에서 지도국을 설치하여 각지의 주요 도로 개수에 착수하여 1910년 합병까지 총연장 850km에 소요예산 3,427,300원이 들었다.

1911년 도로규칙을 제정하여 도로의 등급, 관리, 축소, 유지, 수선 등에 통일적인 규정을 정하는 등 도로제도를 확립하였다.

1916년 3월에 제1기 계획노선의 완성을 예정하였으며, 철도와 도읍, 도읍과 항만을 연결하고 중요 도읍 간을 접속하는 등 교통편의 향상을 기하였다.

1913년 9월 말 현재의 보수공정을 보면 1등 도로 전 연장 537리 28정 중 보수 완료 209리 6정, 2등 도로 전 연장 1,591리 10정 중 보수 완료 850리 19정, 3등 도로 전 연장 1,981리 33정 중 보수 완료 1,274리 11정으로 이것을 각도, 선로별로 열거하면 다음 표와 같다.

1등 도로

도명	노선명	전체 거리				개수 완료				
						거리				구간
		리	정	간	분	리	정	간	분	
경기도	경성시가도	1	12	45	5		12	45	5	부내 수원, 진위 각 군 간 국부개수 경성부내 양주, 포천, 양평 각 군내
	경성~목포 간 목포가도	17	2	13	0	1	20	40	0	
	경성~인천 간 인천가도	8	20	52	0	0	28	14	8	
	경성~원산 간 원산가도	19	5	30	0	10	27	00	0	
	계	45	05	20	5	13	16	40	3	
충청남도	경성~목포 간	27	05	00	0	10	12	00	0	은진군, 노성군, 공주군내 대전군, 전의군내
	천안~대구 간	19	30	00	0	10	08	00	0	
	계	46	35	00	0	20	20	00	0	
전라북도	경성~목포 간	19	10	06	0	4	07	22	0	전주군, 익산군내 전주군, 김제군, 이리군, 임피군내
	전주~군산 간	10	00	00	0	10	00	00	0	
	계	29	10	06	0	14	07	22	0	
경상북도	경성~부산 간	46	22	00	0		14	02	9	칠곡군, 대구부, 청도군
	계	46	22	00	0		14	02	9	
황해도	경성~의주 간	35	18	00	0	1	03	29	0	평산군내
	계	35	18	00	0	1	03	29	0	
평안남도	경성~의주선	27	06	00	0	3	07	38	0	순안군, 평양부, 중화군 강동군, 성천군내
	평양~원산선	40	16	00	0	6	25	26	0	
	계	67	22	00	0	9	33	04	0	
평안북도	경의선	38	18	00	0	12	16	30	0	의주군, 정주군, 박천군
	계	38	18	00	0	12	16	30	0	
함경남도	원산~회령 간	84	07	00	0	80	24	52	0	원산부, 문천, 고원, 영흥, 정평, 함흥, 홍원, 북청, 이원, 단천, 성진 각 군내 원산부, 안변군내
	경성~원산 간	12	03	00	0	7	19	00	0	
	계	96	10	00	0	88	07	52	0	
평안남도	회령~온성 간	18	00	00	0	5	08	00	0	청진부, 경흥군내 경성군, 길주군, 성진군내
	수성~경흥 간	29	32	00	0	17	30	00	0	
	원산~수성 간	47	00	00	0	2	19	46	0	
	계	40	32	00	0	25	21	46	0	
강원도	경성~원산 간	27	00	00	0	23	13	00	0	
	계	27	00	00	0	23	13	00	0	

1913년의 1등과 2등 도로와 조선 시대 10로를 비교해 보면 의주선, 원산선은 1로, 2로와 노선이 거의 일치하고, 부산은 4로, 목포는 6로와 유사하다. 다른 것은 경부철도선을 따라 천안~대전~김천을 통과하는 간선도로가 부설되었다는 것과 평원선 철도를 따라 평양~원산 간의 도로가 건설되었다는 것이다.

　아울러 개항지인 부산, 마산, 목포, 군산, 인천, 진남포, 원산, 성진을 전체로 연결하는 도로망이었다. 이는 우리나라 교통망이 조선 시대의 도로망을 기본으로 하되, 개항지와 연결하고 경부선 등 내륙 철도망과 연계되어 도로가 형성되었음을 알 수 있다. 이는 우리나라의 근대 교통망의 경우 철도가 군사 외교적인 목적으로 내륙 간선 교통망으로 먼저 건설되고, 도로는 이후 철도역과 경제적 자원소재지, 도청소재지를 연결하는 형태를 취했다고 할 수 있다.

2등 도로

| 도명 | 노선명 | 전체 거리 | | | | 개수 완료 | | | | |
						거리				구간
		리	정	간	분	리	정	간	분	
경기도	개성~해주 간 해주가도	4	00	00	0	3	08	00	0	개성군내 장단군내 연천, 삭녕 각 군내 경성부, 양주, 가평군내
	장단~삭녕 간 삭녕가도	8	28	00	0	3	24	59	8	
	의정부~안주 간 안주가도	16	22	00	0	5	07	07	0	
	경성~춘천 간 춘천가도	15	23	05	0	6	22	20	0	
	계	45	01	05	0	18	26	26	8	
충청남도	공주~충주 간	6	19	00	0	6	19	00	0	공주군, 연기군. 공주군, 대전군내 공주군, 대흥군, 홍주군내 천안, 온양, 신창, 예산, 대흥, 홍주 서산, 해미, 덕산, 홍주, 대흥, 청양, 부여, 홍산, 비인, 서천의 각 군
	공주~대전 간	10	00	00	0	10	00	00	0	
	공주~홍주 간	15	08	00	0	15	08	00	0	
	천안~홍주 간	14	31	00	0	14	31	00	0	
	군산~서산 간	30	31	00	0	30	31	00	0	
	계	77	17	00	0	77	17	00	0	

도명	노선명	전체 거리				개수 완료				
						거리				구간
전라북도	전주~진주 간	14	05	47	0	9	15	00	0	
	전주~줄포 간	7	03	00	0	6	00	00	0	
	전주~여수 간	18	03	14	0	18	03	14	0	전주군, 진안군내
	군산~목포 간	12	15	30	0	10	15	20	0	만경군, 줄포군,
	부안~김제 간					2	15	20	0	정주군, 임실군, 남원군내
	광주~안의 간	15	01	02	0	12	00	00	0	
	계	66	28	33	0	58	12	54	0	
전라남도	순천~여수 간	8	35	00	0	8	35	00	0	순천군, 여수군(가개수)
	계	8	35	00	0	8	35	00	0	
경상북도	대구~삼척 간	33	01	00	0	3	28	03	7	
	대구~경주 간	16	25	00	0			38	0	
	대구~통영 간	8	35	00	0	3	22	10	0	봉화군
	영천~의성 간	16	24	00	0		03	57	0	대구부
	경주~양양 간	27	03	00	0	2	13	06	0	영덕, 청하, 흥해군
	부산~경주 간	6	28	00	0	1	31	50	0	경주군
	계	108	34	00	0	11	27	44	7	
경상남도	부산~현동선	12	24	00	0		24	20	0	
	대구~통영선	32	15	00	0	4	33	44	0	
	진삼선 내 진주 읍내선		06	23	0		06	23	0	부산부
	진주~삼천포선	7	06	09	0	7	06	09	0	영산군, 칠원군, 마산부
	마산 우수영선 내 진주~원전 간	4	28	51	0	4	28	51	0	진주군, 사천군 진주군, 곤양군
	계	57	08	23	0	17	27	27	0	
강원도	경성~양양 간	34	21	00	0	9	17	00	0	양양군, 인제군
	수원~강릉 간	40	06	00	0	25	01	00	0	원주군, 강릉군내
	대구~삼척 간	16	20	00	0	15	00	00	0	삼척군내
	경주~양양 간	56	09	00	0	50	08	00	0	평해, 울진군, 삼척군 강릉군, 양양군내
	김화~충주 간	51	27	00	0	25	21	00	0	화산군, 춘천군
	김화~이천 간	17	06	00	0	14	19	00	0	홍천군, 황성군, 원주군내
	통천~신안역 간	10	17	00	0	6	18	00	0	평강군, 이천군내
	평창~영천 간	16	00	00	0	14	00	00	0	통천군내 평창군, 영월군내
	원산~양양 간	47	18	00	0	23	20	00	0	통천군, 고성군, 간성군,
	삭령~원산 간	20	05	00	0	5	18	00	0	양양군,
	계	310	21	00	0	189	14	00	0	이천군내

도명	노선명	전체 거리				개수 완료				
						거리				구간
황해도	경성~해주 간	22	09	34	0	22	04	21	0	배천군, 연안군, 해주군내 재령군, 안악군내 해주군내 장연군, 송화군, 은율군내 신계군내
	해주~진남포 간	13	00	52	0	11	20	12	0	
	해주~옹진 간	14	22	00	0	3	23	14	0	
	옹진~진남포 간	30	00	00	0	12	13	34	0	
	남천점~양덕 간	30	00	00	0	6	04	36	0	
	계	109	32	27	0	55	29	57	0	
평안남도	경성~안주선	27	12	00	0	5	27	00	0	강동군, 성천군내 개천군, 덕천군, 영원군내 평양부내 안주군내 영원군
	안주~함흥선	45	27	00	0	30	32	00	0	
	평양~안주선	22	32	00	0	4	00	00	0	
	안주~서호리선	7	20	00	0	2	20	00	0	
	원산~초산선	20	21	00	0	5	10	00	0	
	계	124	04	00	0	48	17	00	0	
평안북도	의룡선	11	17	20	0	11	17	20	0	신의주부, 용천군내 정주군, 귀성군내 삭주, 창성, 벽동, 초산, 강계, 자성, 원창 각 군 박천군내 자성군, 원창군내 강계군내 강계군, 회천군, 영변군내 운산군, 영변군내 창성군, 박천군내 창성군내
	정삭선	35	00	05	0	9	23	00	0	
	의혜선	137	00	00	0	102	14	30	0	
	안주~의주선	33	00	00	0	2	24	20	0	
	함흥~자성선	17	18	00	0	17	18	00	0	
	만포진~장진선	23	18	00	0	23	00	00	0	
	안주~만포진선	62	23	00	0	44	18	00	0	
	안주~초산선	52	08	00	0	19	18	00	0	
	안주~창성선	41	07	00	0	7	19	00	0	
	구성~신창선	14	00	00	0	1	00	00	0	
	계	427	19	25	0	239	08	10	0	
함경남도	함흥~서호진 간	4	03	00	0		04	19	0	북청군, 갑산군내 갑산군내 갑산군, 중평장군내 흥군, 장진군내 갑산군내 북청군내
	북청~갑산 간	32	36	00	0	31	21	00	0	
	성진~혜산진 간	32	01	00	0	10	01	00	0	
	장진~혜산진 간	49	16	00	0	13	20	00	0	
	함흥~자성 간	35	26	00	0	32	31	00	0	
	혜산진~무산 간	16	02	00	0	2	00	00	0	
	원산~초산 간	21	00	00	0	21	00	00	0	
	북청~신포 간	8	18	00	0	4	15	00	0	
	계	199	20	00	0	115	20	19	0	
함경북도	무산~경흥 간	34	0	00	0	6	14	20	0	경흥군, 경원군, 경성군내 경원군내
	옹기~온성 간	21	07	00	0	2	35	20	0	
	계	55	07	00	0	8	49	40	0	

3등 도로

도명	노선명	전체 거리				개수 완료				
						거리				구간
		리	정	간	분	리	정	간	분	
경기도	수원가도	11	30	46	0	7	35	00	0	인천부, 안산군, 수원군내
	안산가도	6	24	44	0	4	32	49	0	경성부, 과천군, 시흥군, 안산군내
	용인가도	9	34	29	0	3	04	44	0	용인군내
	죽산가도	7	20	05	0	4	10	00	0	죽산군, 양지군
	진천가도	2	21	40	0	2	09	00	0	죽산군
	홍천가도	16	06	52	0	8	08	51	7	양주군, 양평군내
	안성가도	27	12	47	5	21	11	15	5	양평군, 여주군, 음죽군, 죽산군,안성군, 양성군, 진위군내
	양성가도	6	24	39	0	4	23	44	0	양성군, 안성군, 진위군내
	강화가도	15	11	32	0	13	11	54	0	강화, 통진, 김포, 양천, 시흥 각 군내
	양천가도	1	13	10	0	1	01	32	7	경성부내
	개성가도	7	06	18	0	7	03	18	0	개성군, 풍덕군, 강화군내
	철원가도	8	17	40	0	2	00	00	0	마전군
	문산가도	5	12	59	0	4	19	00	0	적성군, 파주군내
	양평가도	6	02	25	0	5	30	25	0	양주, 포천, 양평, 마전 각 군
	남양가도	10	16	00	0	10	16	00	0	남양군, 수원군내
	부평가도	4	11	39	0	3	22	00	0	부평군, 김포군내
	계	147	15	45	5	104	23	33	9	
충청북도	청주~부강 간	4	30	00	0	4	30	00	0	청주군, 문의군내
	청주~진천 간	6	32	00	0	6	29	00	0	청주군, 진천군
	청안~진천 간	6	23	00	0	1	18	00	0	청안군
	음성~괴산 간	5	00	00	0	3	00	00	0	괴산군
	괴산~연풍 간	5	24	00	0	2	24	00	0	괴산군
	보은~옥천 간	7	21	00	0		22	00	0	옥천군
	청산~황간 간	5	18	00	0		09	00	0	황간군
	계	41	04	00	0	19	34	00	0	
충청남도	공주~홍산 간	10	03	00	0	10	03	00	0	공주군, 부여군, 홍산군내
	공주~논산 간 건평리 경유	5	28	00	0	5	28	00	0	공주군, 노성군, 은진군내

도명	노선명	전체 거리				개수 완료				
						거리				구간
충청남도	대전~서천 간	22	14	00	0	22	14	00	0	대전, 진잠, 연산, 은진, 임천 한산, 서천군내
	강경~인천 간	4	24	00	0	4	24	00	0	연산군, 은진군내
	대전~금산 간	5	18	00	0	5	18	00	0	대전군내
	논산~은산장 간	7	24	00	0	7	24	00	0	은진, 노성, 석성, 부여군내
	서천~당진 간	30	35	00	0	30	35	00	0	서천, 비인, 남포, 보령, 결성 해미, 당진 각 군
	보령~오천 간	2	05	00	0	2	05	00	0	보령군, 오천군
	서산~태안 간	4	20	00	0	4	20	00	0	서산군, 태안군
	태안~안흥 간	4	22	00	0	4	22	00	0	태안군
	서산~구도 간	3	22	00	0	3	22	00	0	서산군내
	당진~홍주 간	9	07	00	0	9	07	00	0	당진군, 면천군, 덕산군, 홍주군
	덕산~부리포 간	4	13	00	0	4	13	00	0	덕산군, 면천군내
	예산~혜미 간	7	15	00	0	5	17	00	0	예산군, 덕산군내
	신예원~독포 간	1	18	00	0	1	18	00	0	아산군, 신창군, 예산군
	예산~유구 간	2	24	00	0	2	24	00	0	예산군, 대흥군내
	아산~백석포 간	1	05	00	0	1	05	00	0	아산군내
	평택~온양 간	8	09	00	0	8	09	00	0	온양군, 아산군, 평택군내
	신창~온양 간	2	29	00	0	2	29	00	0	신창군, 온양군
	성환~양대 간	3	13	00	0	3	13	00	0	직산군
	목천~전의 간	3	22	00	0	3	22	00	0	목천군, 전의군
	천안~목천 간	2	29	00	0	2	29	00	0	천안군, 목천군
	연기~부강 간	2	05	00	0	2	05	00	0	연기군
	공주~부여 간 정산 경유	8	27	00	0	8	27	00	0	정산군, 부여군
	정산~청양 간	4	08	00	0	4	08	00	0	정산군, 청양군
	한산~남포 간	3	15	00	0	3	15	00	0	한산, 서천, 비인, 남포군
	부여~은산장 간	1	23	00	0	1	23	00	0	부여군
	가수원정거장 도로		05	00	0		05	00	0	진잠군
	두계정거장 도로		05	00	0		05	00	0	연산군
	연산정거장 도로		01	00	0		01	00	0	연산군
	연산~고산 간	2	20	00	0	2	20	00	0	연산군
	홍산~임천 간	3	35	00	0	3	35	00	0	홍산군, 임천군
	홍주~결성 간	4	01	00	0	4	01	00	0	홍주군, 결성군

도명	노선명	전체 거리				개수 완료				구간
						거리				
충청남도	홍주~보령 간	3	05	00	0	3	05	00	0	홍주군, 결성군, 보령군
	보령~대흥 간	9	19	00	0	9	19	00	0	보령군, 청양군, 대흥군, 홍주군
	비인~홍산 간	3	16	00	0	2	16	00	0	비인군, 서천군
	임천~부여 간	2	06	00	0	1	15	00	0	인천군, 부여군
	공주~진잠 간	2	02	00	0	1	06	00	0	공주군, 진잠군
	공주~온양 간	5	31	00	0	5	31	00	0	공주군, 천안군, 온양군.
	계	206	11	00	0	201	26	00	0	
전라북도	군산~강경 간	8	04	15	0	6	08	48	0	임피, 함열, 용안 각 군
	군산~만경 간	5	18	00	0	4	06	00	0	군산부, 만경군
	금산~대전 간	2	22	40	0	2	22	40	0	금산군, 진산군
	전주~대전 간	16	34	22	0	11	28	07	0	전주군, 고산군, 진산군
	전주~무주 간	10	02	00	0	6	19	00	0	
	용담~금산 간	5	05	55	0	4	14	00	0	용담군, 금산군
	운봉~장수 간	1	26	00	0	1	00	00	0	운봉군, 장수군
	남원~장수 간	7	18	00	0	5	18	00	0	남원군, 장수군
	전주~장수 간	2	18	00	0	2	18	00	0	
	장수~임실 간	4	34	00	0	3	14	00	0	장수군, 임실군
	고산~이리 간	7	18	00	0		07	00	0	고산군, 전주군, 이리군
	고산~여산 간	3	11	16	0	12	07	45	0	
	전주~용안 간	4	19	12	0		17	20	0	
	전주~부안 간	8	18	00	0	7	26	27	0	전주군, 김제군
	김제~만경 간	2	08	40	0	2	08	40	0	김제군, 만경군
	김제~이리 간	3	23	00	0	3	23	00	0	김제군, 만경군, 이리군
	고부~김제 간	5	19	00	0	5	19	00	0	김제군, 태인군, 고부군내
	전주~임실 간	7	24	24	0	1	07	40	0	
	임실~순창 간	4	00	00	0		29	40	0	
	부안~고부 간	2	31	00	0	1	00	20	0	부안군, 고부군내
	고부~흥덕 간	2	31	00	0	1	29	05	0	고부군, 흥덕군내
	고부~정읍 간	2	17	00	0	2	17	00	0	고부군, 정읍군내
	정읍~순창 간	8	26	00	0	3	08	40	0	
	흥덕~무장 간	4	00	00	0	3	30	00	0	
	무장~법성포 간	1	18	00	0	1	18	00	0	
	용담~무주 간	5	12	10	0	3	10	00	0	

도명	노선명	전체 거리				개수 완료				
						거리				구간
전라북도	함열정거장 도로		07	40	0		07	40	0	
	황등정거장 도로		07	46	0		07	46	0	
	이리정거장 도로		31	35	0		31	35	0	
	부용정거장 도로		26	43	0		26	43	0	
	김제정거장 도로		16	00	0		16	00	0	
	정읍정거장 도로		12	52	0		12	52	0	
	태인정거장 도로	1	29	13	0	1	29	13	0	
	진안~임실 간	7	06	00	0	5	18	00	0	
	무주~영동 간	1	06	20	0	1	06	20	0	
	계	155	34	32	0	103	17	39	0	
전라남도	광주~송정리역 간		32	33	0	2	32	33	0	광주군
	광주에서 영광 경유 법성포 간	11	28	00	0	3	08	00	0	영광군
	나주정거장 도로		08	23	0		08	23	0	나주군
	영산포정거장 도로		07	33	0		07	33	0	나주군
	영산포~광주 간	1	24	00	0	1	24	00	0	나주군, 남평군
	함평~사포 간	2	25	00	0	2	25	00	0	함평군, 목포부
	해남~완도 간	3	00	00	0		10	00	0	해남군
	해남~목포 간	2	24	00	0	2	24	00	0	해남군
	장흥~해창 간	3	00	00	0	3	00	00	0	장흥군
	벌교에서 흥양 경유 풍남 간	11	24	00	0	3	10	20	0	흥양군내
	벌교~해창 간		18	00	0		18	00	0	보성군, 순천군
	순천~해창 간	1	00	00	0	1	00	00	0	순천군
	구례~하동 간	4	18	00	0	2	26	09	0	구례군
	남평~능주 간	3	22	40	0	3	22	40	0	남평군, 능주군
	계	49	16	09	0	28	00	38	0	
경상북도	신령~하양 간	3	08	00	0	1	01	05	0	신령군, 하양군
	경산~자인 간	2	18	00	0	1	32	08	0	경산군, 자인군
	경산역~경주가도 간	1	28	00	0	1	24	00	0	경산군
	하양~포항 간	9	14	00	0	3	08	53	0	영천군, 경주군
	경주~장기 간	1	29	00	0		34	50	0	경주군
	연일~포항 간	1	16	00	0	1	16	00	0	연일군
	연일~장기 간	5	11	00	0	2	12	30	0	연일군, 장기군
	영천~영해 간	28	02	00	0	2	20	00	0	영천군, 순흥군, 영해군

도명	노선명	전체 거리				개수 완료				
						거리				구간
경상 북도	영양~영천 간	26	01	00	0	3	27	00	0	영양군, 진보군, 청송군
	안동~예천 간	8	02	00	0	7	00	23	7	안동군, 예천군
	용궁~진두 간	1	04	00	0	1	04	00	0	용궁군
	함창~광태정 간	2	32	00	0	1	10	20	0	함창군, 상주군
	의흥~군위 간	3	08	00	0	2	10	15	7	의흥군, 군위군
	군위~상주 간	7	18	00	0	2	01	53	5	비안군
	김천정거장~ 경성가도 간	6	16	00	0		20	20	0	김천군
	군위~성주 간	12	21	00	0	3	24	21	5	인동군, 성주군
	대구~고령 간	5	26	00	0	2	32	07	0	대구부, 고령군
	의성~청송 간	7	00	00	0		16	50	0	의성군
	통영가도~사문진 간		18	00	0		18	00	0	대구부
	계	144	20	00	00	40	26	57	4	
경상 남도	진주~함안 간		30	00	0		30	00	0	함안군
	사천~고성 간	6	28	00	0	3	00	00	0	사천군, 고성군
	의령~초계 간	9	00	00	0	2	00	00	0	의령군, 초계군
	김해~부산 간	5	18	00	0	3	18	00	0	김해군
	울산~언양 간	5	13	10	0	5	13	10	0	울산군, 언양군
	의령~함안 간	3	00	00	0		20	00	0	의령군, 함안군
	삼가~단성 간	6	01	40	0	6	01	40	0	삼가군, 단성군
	울산~방어진 간	3	00	00	0	2	00	00	0	울산군
	울산~장생포 간	2	10	00	0	2	10	00	0	울산군
	하동~노량진 간	5	17	00	0		07	00	0	하동군
	하동~구례 간	6	00	00	0	2	00	00	0	하동군
	사천~선진항 간		28	37	0		28	47	3	사천군
	계	54	02	37	3	28	20	37	3	
강 원 도	울진~죽변 간	2	00	00	0	2	00	00	0	울진군내
	강릉~소진 간	1	00	00	0	1	00	00	0	강릉군내
	창암점~오리진 간	6	00	00	0	5	28	00	0	간성군내
	통천~고저리 간	1	15	00	0	1	15	00	0	통천군내
	회양~토성 간	7	00	00	0	5	23	00	0	회양군내
	인협~김화 간	18	02	00	0	2	00	00	0	
	금성~평강 간	9	00	00	0	6	20	00	0	금성군, 평강군내
	금성~화천 간	8	00	00	0	2	00	00	0	금성군내

도명	노선명	전체 거리				개수 완료				
						거리				구간
강원도	회양~내평리 간	37	14	00	0	10	00	00	0	회양군, 양구군내
	화천~인제 간	17	00	00	0	15	00	00	0	화천군, 양구군, 인제군내
	인제~지평 간	15	00	00	0	15	00	00	0	
	횡성~안흥 간	5	00	00	0	5	00	00	0	횡성군내
	영월~정선 간	10	00	00	0	4	00	00	0	영월군
	정선~대화 간	7	00	00	0	5	30	00	0	정선군내
	정선~평창 간	3	15	00	0	1	06	00	0	평창군내
	연천~토성 간	19	00	00	0	13	00	00	0	평강군내
	평창~주천 간	6	00	00	0	6	00	00	0	평창군내
	계	172	10	00	0	101	24	00	0	
황해도	해주~옹진 간	6	00	00	0	4	30	24	0	해주군내
	해주~송화 간	15	01	00	0	15	01	00	0	해주군, 송화군내
	신주~은율 간	8	00	00	0	8	00	00	0	신천군, 은율군내
	해주~평산 간	18	18	00	0	18	18	00	0	해주군, 연안군, 평산군
	신천~송화 간	4	00	00	0	4	00	00	0	신천군, 송화군
	신천~안악 간	4	26	00	0	4	26	00	0	신천군, 안악군
	신천~재령 간	3	22	00	0	3	22	00	0	신천군, 재령군
	은율~안악 간	4	26	00	0	4	28	00	0	은율군, 신천군, 안악군
	서흥~수안 간	10	10	00	0	10	10	00	0	서흥군, 수안군
	수안~곡산 간	7	00	00	0	7	00	00	0	수안군, 신계군, 곡산군
	연안~평산 간	6	00	00	0	6	00	00	0	연안군, 배천군, 평산군
	배천~금천 간	7	29	00	0	3	00	00	0	금천군
	해주~구두포 간	5	00	00	0	5	00	00	0	해주군내
	옹진~용호도 간	4	00	00	0	4	00	00	0	옹진군내
	장연~상효동 간	3	00	00	0	2	00	40	0	장연군내
	장연~몽금포 간	8	10	00	0	5	09	50	0	장연군내
	송화~진강포 간	5	20	00	0	5	20	00	0	송화군내
	은율~금산포 간	2	14	00	0	2	14	00	0	은율군내
	황주~겸이포 간	5	21	00	0	5	21	00	0	황주군내
	서흥~서흥역 간		30	00	0		30	00	0	서흥군내
	서흥~능리시 간	3	24	00	0	3	24	00	0	서흥군내
	신계~대평시 간	3	00	00	0	3	00	00	0	신계군내
	배천~전포 간	1	18	00	0	1	18	00	0	배천군내
	배천~성호포 간	5	20	00	0	2	16	00	0	배천군내

도명	노선명	전체 거리				개수 완료				
						거리				구간
황해도	연안~탁영대 간	6	18	00	0	6	18	00	0	연안군내
	금산포~장연 간	2	08	00	0	2	08	00	0	은율군내
	남천~누천 간	2	10	00	0	2	10	00	0	평산군내
	문구~석교장 간	3	00	00	0	3	00	00	0	평산군, 봉산군내
	신원~신천 간	4	15	00	0	4	15	00	0	재령군, 신천군내
	신천~수교 간	6	00	00	0	6	00	00	0	신천군, 송화군내
	장연~수교 간	3	18	00	0	3	18	00	0	장연군, 송화군내
	황주~능리시 간	10	00	00	0	10	00	00	0	서흥군, 황주군내
	서흥역~누천 간	9	00	00	0	2	12	00	0	서흥군내
	온정~원조포 간	4	00	00	0	4	00	00	0	평산군, 금천군내
	누천~청석두 간	10	00	00	0	3	00	00	0	평산군, 재령군내
	신계~문구 간	11	31	00	0	11	31	00	0	신계군, 서흥군내
	수안~능리시 간	5	00	00	0	5	00	00	0	수안군, 서흥군내
	온정동~몽금포 간	17	14	29	0	15	00	18	0	옹진군, 해주군, 장연군내
	풍천~금산포 간	5	00	00	0	5	00	00	0	송화군, 은율군내
	안악~문화 간	3	30	00	0	3	30	00	0	안악군, 신천군내
	계	255	24	22	0	226	20	05	0	
평안남도	광양만~서호리선	28	06	00	0	26	24	31	0	안주군, 증산군, 용강군, 진남포군
	평양~증산선	9	30	00	0	8	27	00	0	평양부, 증산군
	증산~기양역선	7	00	00	0	8	01	49	0	증산군, 강서군
	진남포~강서선	9	30	00	0	3	33	00	0	진남포부, 용강군, 강서군
	용강~비석가선	4	10	00	0	3	03	20	0	용강군
	강서~비석가선	4	10	00	0	2	17	00	0	강서군
	용강~상원선	20	00	00	0	20	00	00	0	상원군, 장서군, 중화군, 용강군
	평양~곡창선	19	18	00	0	7	17	59	0	평양부, 강동군
	평양~상원선	9	18	00	0	9	01	03	0	상원군, 평양부
	성천~안주선	18	18	00	0	6	00	00	0	성천군, 순천군
	순천~맹산선	13	34	00	0	5	24	00	0	맹산군내
	안주~금성선	40	08	00	0	5	03	20	0	영원군내
	숙천~순천선	8	00	00	0	8	00	00	0	순천군, 개천군, 숙천군내
	평양~한천선	13	00	00	0	5	02	09	0	평양부, 증산군
	증산~순안선	9	30	00	0	2	25	29	0	영유군내

도명	노선명	전체 거리				개수 완료 거리				구간
평안남도	여좌~증산선	10	18	00	0	10	18	00	0	영유군, 증산군내
	여좌~은산선	5	00	00	0	2	00	00	0	성천군, 순천군내
	평양~평양역선		12	00	0		12	00	0	
	계	230	26	00	0	134	30	40	0	
평안북도	삭주~구령포선	4	00	00	0	1	18	00	0	삭주군내
	대관~옥강진선	10	00	00	0		18	00	0	의주군내
	삭주~신창선	11	18	00	0	7	00	00	0	삭주군내
	대관~태천선	17	12	00	0	5	18	00	0	삭주군내
	박천~영미선	2	19	00	0	2	00	00	0	
	박천~신흥리선	13	07	00	0	2	08	00	0	
	위원~별가리선	16	00	00	0	16	00	00	0	위원군내
	용암포~철산선	11	00	00	0	16	10	20	0	용천군
	자성~후창선	15	18	00	0	7	00	00	0	자성군
	희천~무평리선	22	04	00	0	22	04	00	0	희천군, 강계군
	강계~고산진선	15	01	00	0	15	01	00	0	강계군
	강계~자성선	20	00	00	0	11	00	00	0	강계군
	초산~북진선	28	00	00	0	28	00	00	0	초산군
	정주~하일포선	6	18	00	0	2	35	00	0	정주군
	하일포~임봉리선	7	11	00	0	3	22	00	0	정주군, 가산군, 태천군
	정주~태천선	9	00	00	0	1	10	00	0	정주군
	납청정~고읍선	3	02	00	0		18	00	0	정주군
	위원~무평리선	17	00	00	0	2	18	00	0	위원군
	가산~하일포선	3	14	00	0	3	14	00	0	정주군, 가산군
	희천~온정선	11	18	00	0	8	07	00	0	희천군내
	유원진~입석첨선	18	00	00	0	4	00	00	0	희천군
	명동진~유원진선	6	18	00	0	3	00	00	0	희천군
	영미~가산선	1	18	00	0	1	18	00	0	가산군
	계	269	34	00	0	155	03	20	0	
함경남도	삼수~상리 간	12	22	00	0	8	00	00	0	갑산군, 중평장군
	북청~신창 간	4	31	00	0		28	00	0	북청군
	이원~차호 간	3	12	00	0	1	01	00	0	이원군
	단천~여해진 간	2	18	00	0	2	18	00	0	단천군
	홍원~전진 간		18	00	0		13	00	0	홍원군내
	북청~운담 간	15	24	00	0	2	00	00	0	북청군

도명	노선명	전체 거리				개수 완료				
						거리				구간
함경남도	서호진~홍원 간	11	04	00	0	11	04	00	0	홍원군, 함흥군
	함정~길주 간	12	24	00	0	11	04	00	0	갑산군
	신포~방촌 간	11	21	00	0	2	08	00	0	북청군, 홍원군
	단천~대동리 간	19	24	00	0	8	00	00	0	단천군
	함흥진~흥장 간	13	00	00	0	6	30	00	0	함흥군, 정평군
	안변~남산 간	2	21	00	0	2	16	00	0	안변군
	단천~갑산 간	33	14	00	0	13	00	00	0	단천군, 갑산군
	이원~갑산 선	38	08	00	0	12	08	00	0	이원군, 단천군, 갑산군
	계	181	25	00	0	81	04	00	0	
함경북도	길주~사포 간	6	00	00	0	3	18	00	0	명천군
	함남~혜산진 간	17	00	00	0	17	00	00	0	
	지경장~대량화 간	5	00	00	0	5	00	00	0	경성군
	주을온장~연암 간	16	00	00	0	1	10	00	0	
	경성~독진 간		26	00	0		26	00	0	경성군
	종성~유다도 간	9	00	00	0	3	00	00	0	경원군
	경흥~웅기 간	16	28	00	0	16	18	00	0	경흥군
	어대진~주을온장 간	1	10	00	0	1	10	00	0	경성군
	계	71	28	00	0	48	10	00	0	

참고 당시 1리=약 4km

자료 조선총독부 철도국, 《철도역세일반》, 1914년 12월, pp.36~60

1등 도로와 2등 도로(1930년대)

1:4,500,000

- ▬ 1등도로
- — 2등도로
- ▪ 부
- • 군

출처 : 고려대학교 민족문화연구원, 한국 근대 전자역사지도

(2) 조계와 해관

제국주의 국가들의 침략이 시작되면서 불평등조약 체결로 중국과 한국에는 조계, 일본에는 거류지가 만들어졌다.

19세기 후반, 근대자본주의의 물결은 한반도에도 들이닥쳐, 문호 개방과 통상조약 체결을 강요하였다. 이에 따라 1876년 강화도조약이 체결되고 이 조약에 근거하여 한일 간 국교와 무역이 시작되었는데, 일본 우편기선 미쓰비시회사(1873년 설립 후 1885년 10월 미쓰비시회사와 공동운수주식회사가 합병하여 일본우선주식회사가 됨)의 소유 선인 '나니와호(浪華号)'가 매월 1회 부산으로 출항하였다.

그 후에는 오사카상선주식회사(1884년 설립)도 신조선인 '안레이마루(安寧丸)'를 부산에 기항하였다. 그 당시의 개항지는 부산과 원산뿐이었지만, 일본에 이어 청나라와 미국, 이탈리아, 러시아, 프랑스 등의 나라들과 통상조약을 체결하고, 1883년에는 인천과 양화진, 경성을, 1888년에는 흥남을, 1898년에는 평양을 그리고 1906년에는 용암포를 각각 일본과 기타 각국에 개방한 것이다. 이를 자세히 보면 다음과 같다.

우리나라에 조계가 처음 설정된 것은 1877년 1월 30일 부산항조계조약(釜山港租界條約)에 의해서이다. 이어 청나라를 위시하여 미국, 영국, 독일, 러시아가 각기 수호통상조약 체결과 동시에 인천, 진남포, 군산, 마산, 성진 등지에 설치하였다. 조계는 전관조계(專管租界)와 공동조계로 크게 나눌 수 있는데, 전관조계는 1개 국가만이 거주하며 상행위를 하는 곳이며, 공동조계는 여러 나라 국민이 공동으로 거주하며 상행위를 하는 곳을 말한다. 이러한 조계는 국권을 침해하는 것으로 경제적인 동기에서 비롯된 경우와 군사·정치적인 목적에서 이루어진 것으로 구분할 수 있다. 일본이 한국에 만든 것은 공동조계에 해당하는 것으로 침략과 식민을 위한 것이었다.

우리나라에 최초로 세관이 설치된 것은 1883년으로, 청나라 북양대신 리훙장의 추천으로 초빙되어 온 묄렌도르프는 고종의 지시에 따라 개항장인 부산, 인천, 원산에 3개의 세관(당시는 해관)을 설치하게 된다.

일본의 조계는 부산이 1877년, 원산이 1880년, 인천이 1883년, 마산이 1902년에 설치되었다. 중국의 조계는 인천이 1884년, 부산이 1884년, 원산이 1888년이었다. 러시아는 1900년 마산에 설치되었다. 그리고 각국의 공동조계는 1884년 인천, 그후 1887년 진남포와 목포, 1889년 군산과 성진, 마산이었다. 조계지는 1914년에 모두 해지되었다.

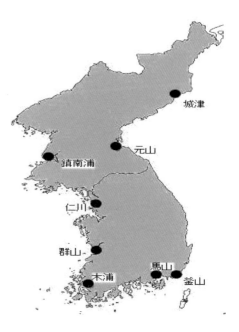

〈지도 7〉 우리나라의 해외 각국의 조계지
(1887년~1914년)

2) 연안항로

연안항로는 개항장을 중심으로 시작하였으며 추가적으로는 웅기 정도였다. 웅기는 나진 근처로 북방지역에서는 매우 중요한 지역이었다. 웅기는 수심이 깊어 내만 연안에 위치한 우리나라 최북단 무역항이며 해상과 육상 교통의 요충지인 웅기항이 발전하였다. 이곳은 1909년에 블라디보스토크항이 폐쇄되면서 두만강 유역에서 생산되는 물자 수송을 전담하게 되어 급격히 발달하였다.

1911년의 연안항로를 보면 철도가 본격적으로 부설되기 이전이라 부산~웅기, 부산~목포 등의 항로가 있었고 개항장과도 연관이 있음을 알 수 있다.

구역	항로	기항지	횟수	수명자	비고
동해안	부산~영일만선	울산~방어진	4 / 월	부산기선주식회사	명령
	부산~웅기선	울산~영일만~축산포~죽변~강릉~양양~간성~장전~삼척~원산~서호진~신포~신창~차호~성진~명천~어대진~독진~청진~이진	20 / 년	요시다 히데지로	명령
	부산~웅기선	울산~영일만~축산포~죽변~삼척~강릉~양양~간성~장전	3 / 년	요시다 히데지로	자영
	원산~웅기선	서호진~전진~신포~신창~차호~단천~성진~명진~어대진~독진~청진~이진	36 / 년	요시다 히데지로	명령
	원산~웅기선	서호진~전진~신포~신창~차호~단천~성진~명진~어대진~독진~청진~이진	3 / 월	요시다 히데지로	자영
남해안	부산~영일만선	대변~장생포~방어진~감포~구룡포	15 / 월	부산상선조해운부	자영
	부산~울산선	대변~장생포	30 / 월	부산기선주식회사	자영
	부산~마산선	가덕~웅천~현동	30 / 월	부산기선주식회사	자영
	부산~마산선	–	60 / 월	부산사와야마해운부	자영
	부산~삼천포선	가덕~웅천~현동~마산~성포~통영	30 / 월	부산기선주식회사	자영
	부산~진교선	덕산~현동~마산~통영~삼천포	15 / 월	부산기선주식회사	자영
	부산~좌수영선	장생포~마산~통영~삼천포	6 / 월	부산기선주식회사	명령
	부산~좌수영선	현동~마산~통영~삼천포~노량진	24 / 월	부산기선주식회사	자영
	부산~좌수영선	덕산~현동~마산~통영~삼천포~노량진	30 / 월	부산상선조 해운부	자영
	부산~목포선	장승포~욕지도~안도~좌수영~나로도~거문도~우도~제주도~조천~산지~추자도~소안도~완도~벽파진	4 / 월	부산기선주식회사	명령
	부산~장흥선	여수~순천~벌교~나로도~흥양	6 / 월	부산기선주식회사	자영
	목포~줄포선	지도~법성포	7 / 월	목포 거주 일본인	명령
	목포~제주도선	우수영~추자도~조천	6 / 월	목포 거주 일본인	명령
	목포~장흥선	우수영~완도	15 / 월	목포 거주 일본인	명령
서해안	인천~해주선	월곶~교동	15 / 월	합자회사 아키다상회	자영
	진남포~재령선	외암포~석해~주유~수이도~해창	15 / 월	진남포 거주 일본인	자영

자료 조선총독부(1913), 〈수운〉, 조선총독부시정연보, pp.217~218

한편 조선우선주식회사가 경영하는 1912~1915년의 명령항로를 보면 다음과 같다.

<표 5> 조선우선주식회사 경영 명령항로(1912~1915년)

구역	항로명		기항지	선박	운항 횟수
동해안	부산~웅기선		장생포~포항~축산포~죽변~삼척~강릉~양양~간성~장전~원산~서호진~신포~성진~청진	800톤급 기선 2척	36 / 년
	부산~웅기선		서호진~전진~신포~신창~차호~단천~성진~명천~어대진~독진~청진~이진	200톤급 기선 2척	72 / 년
	영일만~울릉도선		–	50톤급 기선 1척	24 / 년
	부산~방어진선		장생포	100톤급 기선 1척	240 / 년
남해안	부산~목포선	내회선 (부산~여수)	행암~마산~통영~삼천포~노량진	100톤급 기선 4척	240 / 년
		내회선 (여수~목포)	우수영~완도~장흥~나로도~흥양		120 / 년
		외회선 (부산~목포)	거제도~여수~거문도~우도~제주도~추자도	200톤급 기선 2척	96 / 년
	목포~제주도선	동회선	소안도~산지~조천~김녕~성산포~표선리	18톤급 기선 2척	48 / 년
		서회선	조도~추자도~산지~한림~모슬포		
	목포~다도해선	남도선	우이도~대흑산도~매가도~태도		36 / 년
		북도선	임자도~안마도~위도~고군산도		
서해안	목포~군산선		지도~법성포~줄포	80톤급 기선 1척	72 / 년
	인천~군산선		영광도~카롤링만~안흥~안면도~오천~비인	200톤급 기선 1척	60 / 년
	인천~진남포선		해주~강령~옹진~조포~구미포~덕동~몽금포	200톤급 기선 1척	30 / 년
	인천~해주선		강화~교동	60톤급 기선 1척	120 / 년

자료. 조선우선주식회사(1937), 《조선우선주식회사 25년사》, pp.40~60, 조선총독부, 《조선총독부 통계연보》

다음 표는 1915년 9월 현재 조선의 연안항로로 1911년보다 더 많아졌음을 알 수 있다.

〈표 6〉 연안항로(1915년 9월 현재)

종별	노선	기항지	항해 횟수	사용 선박 선명	사용 선박 총톤수	경영자
조선 총독부 명령	원산~웅기선	서호진, 전진, 신포, 신창, 서호, 차호, 단천, 성진, 명천, 어대진, 독진, 청진, 이진, 퇴조, 군선, 접왕진, 용저는 임시기항	월 6회	경성환	390	조선우선 주식회사
				온성환	390	
자영	동	위와 같음. 전기 이외 필요에 따라 수시 기항	3	경보환	184	동
동	원산~영흥 (오리포)선	북구미	18	영흥환	30	동
동	원산~신포 장전선	포덕, 서호진, 퇴조, 전진	각 6	장승환	52	원산 미쓰에 규지로
		고저			52	
자영	원산~ 강릉선	통천(고저), 장전, 고성(수원단), 간성(거진), 덕포, 속진, 수산진, 기사문진	6	궁전환	98	조선우선 주식회사
조선 총독부 명령	부산~웅기선	울산(장생포), 영일만(포항), 축산포, 죽변, 삼척, 강릉, 양양, 간성, 장전, 원산, 서호진, 전진, 신포, 신창, 차호, 단천, 성진, 명천, 어대진, 독진, 청진, 금진, 퇴조, 군산, 접왕진, 용저, 이진에 임시 기항 부산 정박 중 모지에 항행	3	함경환	805	동
				황해환	805	
자영	동	연안 각 항 수시기항	–	연승환	595	고베 나카가와 선박부
자영	부산~원산선	방어진, 영일만(포항), 영덕(강구), 죽변, 삼척, 강릉, 양양, 간성, 장전, 통천(고저)	3	가도환	260	조선우선 주식회사
동	동	연안 각 항 임시기항	–	초옹환	114	나카가와 요시히로
조선 총독부 명령	영일만~ 울릉도 (도동)선	영덕(강구), 영해(대진), 죽변, 대하동(울릉도)에 임시기항	5	강릉환	201	조선우선 주식회사
자영	부산~영일만 (포항)선	대변, 방어진, 감포, 구룡포, 영일만 울릉도선에 접속	5	동	동	동
동	부산~영덕선	감포, 구룡포, 영일만(포항)	10	광양환	131	동
조선 총독부 명령	부산~ 방어진선	울산(장생포), 해운대에 임시기항	일항	전주환	101	동

종별	노선	기항지	항해 횟수	사용 선박		경영자
				선명	총톤수	
자영	부산~절영도 (도선)선	–	한 시간 4회	제1 절영환	11	부산 다나카 와카타로 외 2명
				제1 도환	9	
				제2 도환	5	
동	낙동강 내 순항 (구포선암)선	–	일일 수회	제1 춘풍환	8	부산 다나카 가네지로
				제2 춘풍환	7	
동	부산~진해선 (예선용)	가덕, 웅천	일항	취환	25	부산 사와야마 해운부
동	마산~ 사토만선	진해	일일 수회	항만환	21	마산 진해기선 조합
				욱환 (아사 히마루)	11	
동	부산~ 거제부선	현동, 구마산, 신마산, 고성(당동), 성포, 통영, 욕지도에 임시기항	일항	보성환	68	조선우선 주식회사
				영강환	66	
조선 총독부 명령	부산~ 목포 내회선 부산~여수 간	행암, 구마산, 신마산, 통영, 삼천포, 선진, 진교, 노량진.	동	해주환	281	동
				통영환	193	
				거제환	173	
자영	여수반도	서호동, 삼일면, 광양, 순천, 노량진(종점)	각 10	삼성환	26	동
	소회갑 을선	돌산도, 별교(종점)				
조선 총독부 명령	부산~ 목포 외회선	거제도(장승포), 여수, 거문도, 우도, 제주도(조천, 산지), 추자도, 미조도에 임시기항	8	창평환	337	동
				양양환	205	
동	부산~ 목포 내선 목포~여수 간	우수영, 완도, 장흥, 흥양, 나로도, 고금도(덕동)에 임시기항	10	순천환	113	동
동	목포~제주도 동회선	소안도, 산지, 조천, 금녕, 성산포, 표선리, 서귀포, 모슬포, 한림, 산지, 추자도, 조도.	5	공주환	202	동
동	목포~제주도 서회선	조도, 추자도, 산지, 한림, 모슬포, 서귀포, 표선리, 성산포, 금녕, 조천, 산지, 소안도, 거차도, 협재리에 임시기항	5	진주환	174	조선우선 주식회사

종별	노선	기항지	항해 횟수	사용 선박		경영자
				선명	총톤수	
동	목포~다도해 남도선	우이도, 대흑산도, 매가도, 태도, 흑산도(종점), 소중관도에 임시기항	각 3	여수환	161	동
동	목포~다도해 북도선	임자도, 안마도, 위도, 고군산도, 말도(북항만 기항), 군산(종점), 대왕등도에 임시기항				
자영	목포~영암 (해창)선	수시 도중 기항	일항	제1 평남환	10	목포 히라오카 해운부
동	목포~해남 (공세포)선	수시 도중 기항	동	제1 평남환	26	동 오쿠보 세이타로
동	목포~서창선	–	동	희구환	12	목포 다마오키 기이치로
동	목포~ 영산포선	몽탄양, 사포, 중촌포	15	정복환	20	마쓰미 해운부
조선 총독부 명령	목포~군산선	법성포, 줄포 지도에 임시기항	8	남양환	90	조선우선 주식회사
자영	군산~줄포선	–	10	보조기 부범선 줄포환	29	군산 마쓰이 해운부
동	군산~용당선	–	일일 수회	금강환	6	군산 하시모히 가시
조선 총독부 명령	강경~공주선	규암리, 부여, 왕진, 정산(지금 정산지)	일항	제1 공주환	15	강경 마쓰나가 사다지로
				제2 공주환	10	
				제3 공주환	13	
동	인천~군산선	가로리만, 안흥, 안면도, 오천, 어청도, 영흥도, 비인에 임시기항	6	경흥환	210	조선우선 주식회사
자영	인천~둔곶선	한진, 부리포	6	융마환	19	인천 다나카 사쿠니
동	용당포~ 신진(도선)선	–	일일 수회	한강환	7	인천 오쿠무라 이치타로

종별	노선	기항지		항해 횟수	사용 선박		경영자
					선명	총톤수	
동	벽란도~삼가점선 (도선)	–		10	경황환	3	한영순
조선총독부명령	인천~해주선	강화도, 교동도		15	금강환	65	조선우선주식회사

종별	노선	기항지		항해 도수	사용 선박		경영자
		조선 연안	기타		선명	총톤수	
관영	관부연락선	–	–	–	고려환	3,107	철도원
					신라환	3,107	
					서경환	2,904	
					일지환	1,691	
					대마환	1,691	
					복견환	1,272	
자영	모지~웅기선	부산, 원산, 서호진, 전진, 신포, 신창, 차호, 단천, 성진, 명천, 어대진, 독진, 청진 기타 수시 도중 기항	–	3	충청환	762	조선우선주식회사
					강원환	763	
동	부산포염선	수시 도중 기항	–	–	현익환	726	협동우선합자회사
후쿠오카현명령	하카다~부산선	진해, 행암 (월 2회 기항)	대마도	5	천진환	557	대마운수주식회사
자영	목포~와카마쓰선	대흑산도	–	3	삼포환	392	조선우선주식회사
나가사키현명령	나가사키~대련선	부산, 목포, 군산(가는 배만 기항), 인천, 진남포(제1, 제3 돌아오는 배는 기항 아니함)	월 4회 중 2회	4	성진환	1,244	오사카상선주식회사
					안동환	803	

종별	노선	기항지	항해 횟수	사용 선박		경영자
				선명	총톤수	
자영	동	동	15	해리환	89	동
조선총독부명령	인천~진남포선	해주, 용호도, 옹진, 소청도(가는 것 월1회, 돌아오는 것 수시), 조포, 구미포, 덕동, 몽금포	4	종신환	216	동
자영	인천~나진포선	수시로 도중에 기항	일항	제1 임진환	11	인천 쓰지가와 도미시게

종별	노선	기항지	항해 횟수	사용 선박		경영자
				선명	총톤수	
동	동	동	동	제2임진환	9	다카하시 가쓰유키
조선 총독부 명령	진남포~재령선	외암포, 동창하구, 석해, 주유, 수이포, 해창	18	앵환	44	진남포 기선합자회사
				공보환	31	
				상반환	29	
동	진남포~금산포선	저도, 금복, 석도, 숙도(월 5회 기항), 진강포, 광랑만에 임시기항	동	앵환	44	동
				공보환	31	
자영	진남포~금복선	–	일일 2회	상반환	29	진남포 기선합자회사
				제1대동환	9	
동	진남포~북창선	–	일일 1회 이상	제2명옥환	12	진남포 이와모토 나오타로
동	평양~겸이포선	수시 도중 기항	일항	경성환	9	김영건

종별	노선	기항지		항해 도수	사용 선박		경영자
		조선 연안	기타		선명	총톤수	
자영	요코하마~대련선	인천, 진남포(돌아가면서 기항), 부산 가면서 군산 또는 진남포에, 돌아오면서 군산에 기항하기도 한다.	나고야(가면서만 기항, 이하 같음), 오사카, 고베, 모지	연 30	조이상환	1,984	동
					조주환	1,670	
체신성 기항 명령	오사카~인천선	부산(명령에 따라), 목포, 군산	고베, 모지	4	수마환	1,562	오사카 상선 주식회사
					융마환	1,021	
자영	동	부산, 마산, 목포, 군산	–	4	한성환	1,125	오사카 상선 주식회사
					천지환	831	
동	동	부산, 목포, 군산	고베, 모지	8	신대환	978	아마사키 기선부
					수길환	699	
					대유환	661	
					군대환	660	
체신성 기항 명령	오사카~안동현선	인천, 진남포	고베, 모지	진남포 연18 안동현 연14	선두환	1,045	오사카 상선 주식회사

종별	노선	기항지		항해 도수	사용 선박		경영자
		조선 연안	기타		선명	총톤수	
체신성 명령	요코하마~북중국(우장)선	인천(왕복)	나고야, 고베, 모지, 대련, 대고	연 32	제주환	2,117	일본우선 주식회사
					상모환	1,934	
					고사환	1,788	
관동 도독부 명령	대련~인천선	-	즈푸(위해)	4	제2 판학환	864	아파국 공동기선 주식회사
자영	신의주, 의주 ~안동현선	-	-	일일 수회	제1 조교환	9	신의주 만선운송 주식회사
					제2 조교환	9	
체신성 기항 명령	즈푸(위해)~대련선	-	안동현	4	판학환	775	아파국(일본 지방의 하나, 아 와노구니)공동기선주식회사
자영	대고산(안동)~안동현선	-	-	-	화소환	21	순기공사
관동 도독부 명령	천진~안동현선	-	대련	4	천조환	1,300	대련기선 합명회사
					제통환	1,138	
자영	상해~안동현선	인천	동	2	동리호	1,408	정기공사
육군성 특수 명령	오사카~청진선	원산, 서호진, 신포, 성진	고베, 우지나, 모지	3	신궁환	3,002	오사카 상선주식회사
					장주환	1,608	
동	동	동	동	연 18	제3 금평환	1,979	고베 호광(고코) 상회
체신성 명령	고베 포염선(浦鹽線)	부산, 원산, 청진	모지, 나가사키	동 16	입신관	2,703	일본우선 주식회사

자료. 조선총독부철도국(1914), 《조선철도역세일반》 참조하여 작성

주. 즈푸,[2] 대련선, 대고산, 천진, 안동선은 중국항로

....

2) 즈푸는 지부(芝罘)로 중국 산동성에 있는 항구임.

이를 분석해 보면 다음과 같다.

1911년 말 연안항로는 부산을 중심으로 하여 남해안 노선이 많았지만, 1915년 9월에는 동해안과 서해안이 증가하여 이동이 많아진 것을 알 수 있다.

<표 7> 연안항로 수의 변화

지역별＼시기별	1911년 말	1915년 9월
동해안	5	14
남해안	14	17
서해안	2	15

1915년 9월 국제항로를 보면 개항지를 중심으로 국제항로가 개설되었음을 알 수 있으며, 우리나라는 부산과 인천의 국제선의 기항 횟수가 특히 많았다.

<표 8> 국제항로(1915년 9월)

기항지＼국가별	우리나라	일본	중국
기항지	부산, 원산, 웅기, 성진, 마산, 목포, 군산, 진남포	시모노세키, 모지, 나가사키, 오사카, 요코하마, 와카마쓰	위해, 대련, 안동현(안동), 천진

3) 항만과 해운 노선

조선의 항만(1944년 현재)은 개항 14개 항, 지정항 38개 항, 관세지정항 9개 항, 지방항 326개 항, 합계 387개 항인데, 중복되는 것을 빼면 실제로는 368개 항이다. 이를 유사한 것끼리 구별해 보면 다음과 같다.

(1) 개항

〈표 9〉 통상항으로 개방된 곳 14개 항(개항 연월은 일본 측만)

도명	항만명	개항 연월	항계(방위는 진방위로 함)
경기도	인천항	1883년 1월	소월미도등대를 중심으로 하여 2해리 반경의 원의 일호 안
전라북도	군산항	1899년 5월	소치곶에서 173도에 이르는 일선 및 당말에서 전망산 98m 산정에 이르는 일선 이내
전라남도	목포항	1897년 10월	남각에서 고하도 82m 산정에 이르는 일선, 고하도 69m 산정에서 15m 섬의 산정을 거쳐 대안에 이르는 일선 및 아산 산정에서 삼학도의 동단을 거쳐 무안반도에 이르는 일선 이내
경상남도	부산항	1876년 10월	부민동 남단에서 절영도 대풍포를 향해 이르는 일선 광담말에서 부풍말에 이르는 일선 이내
황해도	해주항	1940년 7월	읍천 구구 좌안에서 하화지 북단을 향해 이르는 일선 및 그 연장선으로 수심정산저송 108m에서 9도에 이르는 일선 이내
평안남도	진남포항	1897년 10월	저도각에서 와우도 동단으로 향해 이르는 일선 및 동경 125도 30분 선 이내
평안북도	신의주항	1910년 8월	하단동(해도의 위화동에 해당) 목표에서 343도의 대안 소사하 천구 우안에 이르는 일선 및 삼교천 천구 목표에서 270도에 이르는 일선 이내
평안북도	용암포항	1906년 8월	진곶취 목표에서 영도 정상에 이르는 일선, 영도 정상에서 마파도 정상을 거쳐 연장되는 일선 및 삼교천 천구 목표에서 270도에 이르는 일선 이내
평안북도	다사도항	1939년 8월	사자도 82m 산정에서 가치도 정상에 이르는 일선, 가치도 정상에서 수운도 정상에 이르는 일선, 수운도 정상 목표에서 영도 정상에 이르는 일선 및 영도 정상에서 진곶취 목표에 이르는 일선 이내
함경남도	원산항	1880년 5월	연도리 41m 산정에서 양일천 구천 우안에 이르는 일선 이내
함경북도	청진항	1908년 4월	고말산 183m 산정에서 별봉 143m 산정에 이르는 일선 이내
함경북도	성진항	1899년 5월	사진단에서 대안후리진산 산정에 이르는 일선 이내
함경북도	웅기항	1921년 6월	비파도 동단에서 웅기산 산정에 이르는 일선 이내
함경북도	나진항	1936년 11월	성정단에서 소초도 남단을 향해 이르는 일선 및 그 연장선 이내

자료 선교회(1986), 《조선교통사》를 참조하여 작성

(2) 지정항

지정항은 조선 공유수면 단속규칙 제3조에 의해 선거, 선류, 계선벽, 하양장, 잔교, 교가호안, 방파제, 방사제, 순도제, 도수제, 갑문, 계선 기타 부표, 각종 등표

또는 견고한 건물을 신축, 개축, 변경 혹은 제거, 수면 구역을 변경하는 공사를 시행, 또는 굴착 등에 관한 행정상의 처방이 조선 총독의 권한에 속하는 항구를 가리키는 것으로 당초 여수, 포항, 삼천포, 겸이포, 장전, 서호진, 신포, 웅기의 8개 항에 불과했지만, 그 후 증감이 있어서 1944년 현재, 다음 38개 항이 되었다.

〈표 10〉 조선 공유수면 단속규칙 제3조에서 규정하는 항만

도명	항만명	개항 연월	항계(방위는 진방위로 함)
함경북도	서수라항	1927년 6월	서포항동 남서돌단에서 서수라 서돌단에 이르는 일선과 서수라 남단에서 조갈암에 이르는 일선 이내
	웅기항	1938년 5월	대단에서 비파도 동단에 이르는 일선과 비파도 서단에서 굴항산 산정에 이르는 일선 이내
	나진항	1938년 5월	곽단에서 대초도 남단을 거쳐 노세단에 이르는 일선 이내
	청진항	1938년 5월	사하진단에서 고송산단을 거쳐 입암단에 이르는 일선 이내
함경북도	어대진항	1930년 5월	어대진 동방돌각에서 서쪽에 이르는 일선 이내
	성진항	1938년 5월	유진단에서 송오리단에 이르는 일선 이내
함경남도	서천항	1940년 12월	정석단 배부 표고 109m 3의 지점에서 동쪽에 이르는 일선 및 부도 40m 6 정상에서 남북에 이르는 일선 이내
	서호항	1930년 5월	존숙도 남단에서 대안입석에 이르는 일선 이내
	신창항	1930년 5월	응암단에서 용고단에 이르는 일선 이내
	서포항	1927년 6월	우산단에서 서암단에 이르는 일선 이내
	흥남항 (서호진항)	1927년 6월	외양도 남단에서 해망갑 남단에 이르는 일선 이내
	원산항	1938년 5월	갈마각에서 대안효반도의 남단 영방오에 이르는 일선 이내
강원도	고저항	1930년 5월	총석리 64m 9 산정에서 대안 흥운리 봉축대지에 이르는 일선 이내
	장전항	1927년 6월	장전리 봉축대지 동남돌단에서 대안 남동 25도의 돌단에 이르는 일선 이내
	속초항	1942년 10월	비선장 동단에서 남쪽에 이르는 일선 이내(청초호 포함)
	주문진항	1927년 6월	주문진단에서 남쪽에 이르는 일선 이내
	묵호항	1937년 10월	묵호진리 동단에서 남쪽에 이르는 일선 이내
	정라항	1930년 5월	만리도 정을 지나 남동에 이른 일선과 오십천 남하구 우안 돌각에서 북동에 이르는 일선 이내
경상북도	강구항	1930년 5월	삼은동 북부 표고 82m 지점에서 동쪽에 이르는 일선과 오십천하구 북안 돌각에서 남동에 이르는 일선 이내
	포항항	1927년 6월	설목동 놀단에시 대안 엄남취에 이르는 일선 이내

도명	항만명	개항 연월	항계(방위는 진방위로 함)
경상북도	구룡포항	1927년 6월	토라말에서 남쪽 50도 40분에 이르는 일선 이내
	감포항	1927년 6월	송대말에서 남서대안 돌각에 이르는 일선 이내
	도동항	1927년 6월	도동 북동돌단에서 남서돌안에 이르는 일선 이내
경상남도	울산항	1943년 10월	비도 동단에서 25도 동쪽에 이르는 일선 및 비도 남단에서 황성리 남단에 이르는 일선 이내
	부산항	1938년 5월	남방파제 선단 주등을 중심으로 하여 반경 1만 m의 원권 내
	진해항	1927년 6월	고출산 산록에서 대안대일말에 이르는 일선 이내
	마산항	1927년 6월	마지두리말에서 이심말에 이르는 일선 이내
	통영항	1927년 6월	미륵도 식송말에서 북으로 27m에 이르는 일선 및 태평동 남당 돌출에서 남에 이르는 일선 이내
	삼천포항	1927년 6월	향촌리 남방돌단에서 서금리돌단을 거쳐 서리돌단에 이르는 내선
전라남도	여수항	1927년 6월	마래 산정에서 오동도 동단을 거쳐 우두산정에 이르는 일선과 우두산정에서 풍산리 돌단에 이르는 일선 이내
	목포항	1938년 5월	목포역을 중심으로 하여 반경 5천m의 원권 안
전라남도	법성포항	1927년 6월	정도 남단에서 동서에 이르는 일선 및 목단돌단에서 동좌우두에 이르는 일선 이내

자료 선교회(1986), 《조선교통사》를 참조하여 작성

(3) 관세 지정항

조선과 일본, 대만, 가라후토(樺太)에는 남양군도와의 선박 및 화물의 출입에 관한 규정에 근거하여 조선 총독의 지정으로 개항 이외에 선박 및 화물의 출입이 가능한 항만을 가리킨다. 당초 지정항은 19개 항이었으나, 그 후 변경이 있어 9개 항이다.

- 경상남도 울산군 방어진항
- 경상남도 마산부 마산항
- 경상남도 창원군 진해항
- 경상북도 영일군 포항항
- 경상북도 울릉도 도동항
- 함경남도 흥남읍 서호진항
- 함경남도 통영군 통영항
- 전라남도 여수군 여수항
- 전라남도 제주도 성산포항

전시 하에는 조선에서도 당초 선주들 간의 자주적인 통합이 이루어졌는데, 전세가 악화됨에 따라 통제가 강화되고 최종적으로 대형선은 국가에 의해 운영되고, 나머지 소형선은 조선선박운항통제회사에 위탁되기에 이르렀다. 당시 주요 해운회사 및 단체에 대해 약술하고자 한다.

조선우선주식회사 : 이 회사는, 조선의 산업·교통 발전을 위해서는 해운업의 발달이 필수 불가결하다는 것을 통감한 조선총독부에서 1912년 해운 행정을 체신국에 통일시킴과 동시에, 민간 해운업자 난립의 폐해를 우려하여 총독부의 기탁에 부응할 수 있는 유력회사를 설립하기로 한 결과, 일본우선, 오사카상선 및 기타 업자의 동의를 얻어서 설립된 것이다.

그때 이래 종전까지 30여 년간, 수많은 명령항로에 투입되었고, 해운 국가관리 시대에는 조선에서 선박운영회의 실무자로서 임무를 수행하였다.

또한 조선선박운항통제회사에 자금 및 수많은 요원을 파견하는 등 시종일관 조선해운의 대표회사였다.

서일본기선주식회사 : 이 회사는 남선 지방의 소형선 해운회사인 다테이시기선, 조선기선, 고요기선 등 3사를 통합하여 새로운 해운 체제에 부응하도록 설립된 것이었다.

조선해운주식회사 : 이 회사는 부산을 중심으로 하는 연안 해운업자인 주식회사 가네타회조점을 중심으로 하여, 동종동업의 미쓰모토회조점, 조선해운주식회사, 선흥해운상회, 낙동운수조합, 마산기선, 천파운송점, 가토회조부에 의해 1942년 설립되었다.

조선유조선주식회사 : 이 회사는 조선유조선의 일원적인 운영을 위하여 조선 정어리 기름 제조업, 수산조합연합회 및 주식회사 다테이시상선 소유선의 현물출자로 1943년에 설립되었다.

조선근해운수주식회사 : 이 회사는 조선 연안 및 조선과 관동주, 북중국 및 일본 간의 수송을 위해 대양 항해가 가능한 대형범선을 구입하는 것 외에, 계획조선(操船) 할당도 받아서 선단 수송을 계획하고, 유도기 범선까지 준비하여 1943년 8월 부터 영업을 개시하였다.

조선해운협회 : 이미 1941년 근해해운업자를 주체로 하는 조선해운조합이 설립 되었는데, 1943년, 그 조직을 전면적으로 개편하였다. 회원으로는 기선 또는 범선의 소유자 외에도 수상 소운송업자도 망라하였다.

대동강수운주식회사 : 이 회사는 대동강 및 진남포항을 중심으로 하는 수운의 특 수성 및 서선지구의 중요 수송 물자의 증가를 고려, 순 범선의 선주를 집약하여 1944년에 설립되었다. 160여 명의 선주와 1,000여 척의 선박을 관장하였다.

각 지구 순범선해운조합 : 전술한 바와 같이, 조선 전체의 6지구별로 설립된 순범 선해운조합은 조선선박운항통제회사의 하부조직으로서 통제 수송에 협력하였다.

기타로는 조선선박운항통제회사와 조선해륙운수주식회사가 있었다.

(5) 1910년 이후 항로(보조항로, 명령항로)[3]

일본에서도 1875년 조의(朝議)에서 민영 보조주의라는 해운정책의 기본이념이 확립되어, 한편으로는 조선(造船) 장려, 운항 보조금 조성 등 많은 지원을 제공함 과 동시에 정기항로 개발 등의 의무를 부가하고 있었는데, 조선총독부에서도 이 정책에 준하여, 당초부터 구 한국 정부의 명령항로를 답습하였다.

당시 조선에서는 그 서북부를 제외하고 연안항로는 정기선이 운항되고 있었으 나, 그 영업성적은 좋지 않았다.

이에 총독부는 구 한국 정부의 명령항로 기간 만료에 맞추어, 경쟁하는 해운업

----

3) 선교회(1986), 《조선교통사》 해운부문, pp.991~996을 인용

자를 설득하여 조선 연안에서 항로를 정비하고 충실화하여, 근해(일본과 중국)항로에 진출할 수 있는 해운회사를 설립하고자 하였다.

그 결과 조선 내 업자 및 일본의 유력 회사가 참가하여 1912년 1월 자본금 300만 엔을 들여 조선우선(郵船)주식회사가 설립되었다.

이리하여 1912년도 이후, 이 조선우선을 중심으로 하여 기타 해운회사 또는 개인 사업자에 대해 보조금을 주어 명령항로를 확보하였다.

제1기 명령항로 : 1912년도 이후 3개년을 1기로 조선우선에 대해 연안항로로 삼아, 부산~웅기선 외에 8선의 항해 명령으로 연안항로를 통일하는 조선해운의 기초를 놓았다.

또한 이와 때를 같이 하여 내륙 산업의 개발에 이바지하고 다 같이 교통 편의를 도모하기 위해 대동강 및 금강의 수운 항로를 개설하고, 전자는 진남포 기선합자회사에, 후자는 이를 강경에 거주하는 마쓰나가에게 항로의 운항을 명령하였다.

1913년 4월 연안항로의 일부를 개정, 조선우선에 대한 명령에 추가하여 남쪽 연안 다도해항로 2선을 개시하게 하고, 이어서 1914년 4월 압록강항로를 창설, 신의주 거주 다카바네에게 이를 명했다.

제2기 명령항로 : 제2기 명령항로는 1915년 4월부터이며, 수로 폐쇄를 위해 항행이 불가능하게 된 금강항로를 제외하고 종래의 수령자에게 그 항해를 계속하게 하였다. 또한 대러시아 무역이 점점 밀접해진 것을 고려하여 원산에서 블라디보스토크에 이르는 근해항로를 신설하였다. 명령항로의 기간은 모두 1920년 3월 31일까지의 5개년으로 하였다.

제3기 명령항로 : 1914년 유럽에서 세계대전이 발발한 후, 그 전국이 확대됨에 따라 선박의 수요는 날이 갈수록 급격하게 늘어나게 되었다. 그러므로 각지 각 선박에 그 영향이 파급되어 선박 부족에 의해 운항에 지장을 가져온 곳이 적지 않았다. 그러나 그 완화책으로 1917년 12월 이후 원산~블라디보스토크선을 오사카까지 연장해서 조일 간 수송을 보충했고, 또한 북지(北支)에 대해서는 조선우선으로 진남포~대련 간에 자영항로를 개설하게 하였다.

그 후 중국과의 무역은 점차 진전을 보이고 그 자영항로에만 의존할 수 없게 되었기 때문에 1922년 아와노쿠니공동기선주식회사의 대련~위해선을 인천에 기항시킴과 동시에, 조선우선으로 하여금 조선~북지선의 개시를 명령하였다.

또한 압록강수선공사로 하여금 압록강에 기선항로를 개설하게 하였다. 그 기간은 3개년으로 하여 신의주~초산 간, 초산~중강진 간, 중강진~신갈파진 간의 3선으로 긴 유역에 걸쳐 국경 경비와 여객·화물 수송에 기여하였다.

한편 밀접한 지리적 관계에 있는 북조선과 일본(우리나라의 동해) 사이에 항로를 게시하는 것은 현안이었으나, 시대의 진전에 따라 항로 개설의 긴급성을 인정하여 1918년 4월 이후 조선우선에 대한 보조 명령에 추가하여 2,000톤급 1척으로 1개월 2회 반의 항해를 조건으로 하는 청진~원산~쓰루가 간의 정기편을 개설하게 하였다. 또한 1923년 8월에는 여기에 미야즈~쓰루가에 기항하는 항로 연장을 명했다.

이어서 시베리아 대륙의 환난에 의해 일본군이 출병하기에 이르러, 그 군수품 수송을 위해 원산~웅기선을 블라디보스토크까지 연장하는 방안을 조선우선에 명령하고, 또한 호쿠리쿠기선주식회사로 하여금 후시키~나나오~블라디보스토크선을 청진에 기항하게 하였다. 이상 제3기 명령항로는 1924년도 말까지였다.

제4기 명령항로 : 제2기에서는 1929년까지인데 대체로 종래의 방침을 답습한 것이지만 명령 조건을 추가하는 것에 대해서는 보조금을 증액하고, 이익이 인정되는 것 또는 발동기선의 발달이 현저한 노선에 대해서는 이를 자영으로 옮겨 보조금을 삭감 또는 폐지하는 등 정리를 했다.

한편 신규로 근해항로로 조선~상해선 및 조선~나가사키~대련선을 그리고 연안항로로 부산~제주도선을 창설하였는데 이는 1925년의 일이었다.

이듬해인 1926년에는 조선과 홋카이도, 일본해, 남만주 상호 간의 수송 교통에 이바지하기 위해 조선~홋카이도~대련선을 개시하고, 또한 1928년 9월에 함경선 철도 개통으로 존속할 필요가 없어진 원산~청진선 폐지와 동시에 북조선과 도쿄 방면과의 연락에 대해서는 직통 항로로 북조선~도쿄선을 설치, 재래선에 의한 경우의 일본 동해안 항구들 또는 부산 혹은 한신 중계의 불편을 해소하기로 했다.

제5기 명령항로 : 이 시기에는 전기명령의 갱신계획을 세웠으나, 때가 해운 불황이 심각한 시기였던 만큼 명령을 받은 회사의 경영 악화로, 부산~제주도~관문선(일본), 진남포~재령진~강포선 및 신의주~중강진선의 일부를 폐지하고, 그 외에 대해서는 1개년 간 현상 유지를 하여 얼마간 정세의 추이를 지켜보기로 하였다. 그리고 근해 8선, 연안 7선, 하천 2선, 기항항로 2선 합계 19선에 대해 명령하였다. 제5기는 1930년도 1개년이었다.

제6기 명령항로 : 1931년에 들어서도 해운 불황은 호전될 기미가 보이지 않았을뿐더러 한층 더 심각해져 국가 세입의 감소도 심각하게 곤란한 상황이었으나, 조선 물자의 판매 확장의 견지에서 부산~하카타선 및 홋카이도~니가타선

조선우선주식회사 항로

의 조선 기항을 신설, 천진~대련선의 조선 기항 및 조선~북지선의 증설을 하였고 조선 연안항로의 계통 및 기항지를 정리하였다. 그 결과 제6기의 명령항로는 근해 8로, 연안 3로, 하천 2로, 기항 4로 등 합계 17선이 되었다.

당시 조선우선의 조선과 일본의 정기항로를 보면 가장 운행 빈도가 높은 노선은 오사카~부산항로, 오사카~청진, 오사카~웅기항로였다. 우리나라 항구로서는 부

산, 청진, 웅기 등 북선항로도 꽤 발전한 것을 알 수 있다.

이러한 항로를 해석해 보면 초기 개항장 중심의 이동으로 인해 일본과 청국 등의 개항장 중심으로 항로가 개설되었다. 항로는 부산 중심에서 후에는 청진, 성진, 나진 등 3개 항구가 있는 북선 지방으로 확대되는데, 이는 우리나라 북부지방의 공업화와 함께 만주국 이후 이곳을 통해서 일본과 대륙으로 이동이 편리한 것에 기인하였다.

또 하나는 항로와 철도의 연결이다. 예를 들면 모지와 부산을 연결할 경우 일본 내의 철도와 조선 경부선의 연결 등이 가능한 것이었다. 철도 연락선이 이를 상징적으로 보여주고 있다.

제7기 명령항로 : 1932년 4월부터 제7기에 들어갔는데 중일전쟁의 발발과 함께 항일운동이 맹렬해지자 물자의 거래가 급감하여 호전될 전망이 없는 상황이었다. 그 때문에 조선~북지선을 변경 축소하고, 1930년도 이전 상태로 되돌려 추이를 살펴보기로 함과 동시에 발동기선의 발달 및 연안지구의 자동차 노선의 개시 등을 감안하여 부산~제주도선을 폐지하고 부산~원산선을 부산~울릉도선으로 바꾸었다. 또한 종래 체신성 명령의 선미 이출항로였던 서선~도쿄선을 총독부에서 계승하기로 하였다. 그 결과 제7기는 근해 9, 연안 2, 하천 2, 기항 4 등 합계 17선이었다.

제8기 명령항로 : 1933년도 제8기 명령에서는 일반재정 긴축방침에 따라 새 계획은 모두 보류하고, 전년도를 답습하기로 하였다.

제9기 명령항로 : 제9기 명령에서는 거래 물자 수량의 움직임으로 보아 각 항구의 중요성에 응하여 선박 및 기항 증감을 조정하고, 혹은 선편의 관계를 고려하여 기항 생략에 의한 항해 일수의 단축을 도모하였다. 이와 동시에 일면 만몽(滿蒙) 물자가 북조선에 유출되는 것의 탑재도 고려하는 것 외에 남조선과 일본 간의 교통 운수의 편의에 이바지하기 위해 여수~시모노세키선을 신설하여 광주~여수 철도와의 연락을 꾀하였다.

제10기 명령항로 : 이 시기에는 대(對)만주국 거래의 진전 및 북조선 개발시설 등에 의해 일본해 항운의 증강을 필요로 하기에 이르렀다. 그렇기 때문에 종래의 니가타~홋카이도~북조선을 북선~니가타 직통선으로, 또한 후시키~블라디보스토크~청진선을 청진~후시키선으로 바꾸어 그 항해 수를 증가시켰다.

제11기 명령항로 : 1936년도인데, 이 시기에는 광주~여수 간 철도의 국철(局鐵) 매수 및 경전선의 개통에 따라 일본과의 선차연락(철도와 배의 연락) 간선으로서 점점 그 중요성을 더해가는 여수~시모노세키선을 일본에서 출발하는 항로로 하고, 또한 만주국 영구에서의 조선총독부 안전 농촌 조성을 위해 조선~북중국선을 그곳에 기항하게 하였다. 이것 외에 만주국의 발전, 조선 내 특수 광산자원 혹은 수력의 적극적인 이용개발 등에 의한 조선 내 산업의 약진에 수반하여 전면적으로 배선의 증가 및 선형의 확대를 도모하였다.

제12기 명령항로 : 1937년도 제12기에는 주로 신항로의 개척을 계획하고, 우선 관계 지방민의 다년간의 바람이었던 북선~홋카이도선을 개설하고, 또한 종래 주로 일본 중계에 의존하던 조선 생산품의 대외 수출에 편리를 꾀하기 위해 남양우선주식회사의 자바항로 및 오사카상선주식회사의 캘커타항로를 부산에 기항시키기로 하였다. 또한 북선과 상해 방면과의 교역 조성을 도모하기 위해 조선~상해선을 일부 북선으로 연장하였다.

제13기 명령항로 : 1938년도에는 북중국 신정권 수립으로 경제건설이 착착 실행에 옮겨지는 듯한 정세였고, 이에 따라 조선~북중국 간의 여객과 화물이 현저하게 증대되는 것으로 예상되었기에 서선~천진선, 서선~청도선 및 요코하마~천진선, 부산 기항의 3선을 설치하는 한편, 대외 수출 무역의 촉진을 위해 일본우선주식회사의 함부르크항로를 부산에 기항시키는 것으로 하였다.

제14기 명령항로 : 1939년도에 이르러 시국의 진전에 따라 한반도에 맡겨진 병참기지로서의 사명을 더욱 구체화할 목적으로, 전면적으로 북중국항로의 태세 확립을 기하여 조선~북중국선을 서선~북중국선으로, 대련~위해선을 인천~위해~대련선으로 각각 변경하였다. 그중에서도 특히 서선~청도~천진선에 대해서는 출항 횟수를 증가시키고, 천진 매 4일 1회, 청도 매 5일 1회의 정기편으로 하는 것 외에 국책항만 다사도의 제1기 공사 완성을 계기로 겨울철 정기편 확보를 도모하기 위해 서선~도쿄선을, 특히 월 2회 같은 곳에 기항시키기로 했다. 그 결과 제14기 명령항로는 근해 10, 연안 2, 하천 2, 기항 4 등 합계 18선이 되었다.

제15기 명령항로 : 1940년도에는 서선~천진선을 1척 증가해 진남포~천진 간에 취항하고, 조선~상해선을 변경하여 서선~청도선으로 상해까지 연장함과 동시에 북선~상해선을 개시하는 등 서선 및 북선과 북중지의 연락을 강화하였다. 그리고 제3국 무역 촉진을 위한 오사카상선의 필리핀선의 부산 기항을 개시하고, 또한 여수~시모노세키선에서 다시 일본 출발을 부활시켰다.

그러나 그 반면, 비상시 아래 국가 재정 현황에 맞추어 북선~도쿄선 및 서선~도쿄선 및 조선~나가사키~대련선을 당분간 무보조 명령항로로 할 수밖에 없었다.

또한 압록강 발전(發電)계획의 구체화에 따라 신의주~중강진선(고뢰주)을 폐지함과 동시에 신의주~신갈파진선(발동기선)을 만포진까지로 축소하는 등 정세의 추이에 맞추었다. 이로써 제15기 명령항로는, 근해 10, 연안 2, 하천 1, 기항 7 등 합계 20선 및 무보조 3선이 되었다.

지금까지 설명한 것이 태평양전쟁까지의 조선 해운을 위한 보호 조성의 대략적인 내용이며, 1940년 4월 1일 현재의 명령항로로서 보조한 것은 다음의 표와 같다.

〈표 11〉 명령항로 일람표(1940. 4. 1. 현재)

항로	선명	명령항로					명령 기간	수령자
		선박				항해		
		선종	속력	G/T	척수	횟수		
근해	북선~쓰루가선	강기선 (鋼气船)	12	2,000	1	월 1 / 연 24	1940년 4월 1일부터 1941년 3월 31일까지	조선우선
	북선~상해선	〃	10	1,000	1	월 1 / 연 15		
	북선~니가타선	〃	11	2,000	1	월 1 / 연 20		
근해	서선~청도 상해선	〃	12	1,500	2	월 6 / 연 72	1940년 4월 1일부터 1941년 3월 31일까지	조선우선
	조선~홋카이도~대련선	〃	12	2,500	3	월 2 / 연 33	〃	島谷기선
	북선~홋카이도선	〃	11	1,200	1	월 1 / 연 18		
	부산~하카다선	〃	13	800	1	월 15 / 연 180	〃	九州우선
	여수~시모노세키선	〃	11	1,500	2	월 29 / 연 348	〃	川崎기선
	인천~천진선	〃	11	1,000	3	월 6 / 연 90	〃	아와노쿠니 공동기선
	진남포~천진선	〃	10	800	1	월 2 / 연 25	〃	
	인천~위해~대련선	〃	12	1,000	1	월 3 / 연 36	〃	
계	10선			25,300	17			
연안	부산~울릉도선	발동기선	12	250	1	월 4 / 연 48	〃	조선기선
	목포~제주도선	〃	12	200	2	월 29 / 연 348		
계	2선			650	3			
하천	만포진~중강진선	발동기선	8	8	2	월 15 / 연 90	〃	조선압록강 항운
	중강진~신갈파진 (부전강)선	〃	8	8	2	월 10 / 연 50		
계	합하여 1선			32				

| 항로 | 선명 | 명령항로 | | | | | 명령 기간 | 수령자 |
| | | 선박 | | | | 항해 횟수 | | |
		선종	속력	G/T	척수			
기항	일본~인도캘커타선 (부산 기항)	강기선 (鋼汽船)	13	5,000	1	월1 / 연12	〃	오사카상선
	필리핀선(부산 기항)	〃	13	5,000	1	〃		
	일본~함부르크선 (부산 기항)	〃	14	6,000	1	〃	〃	일본우선
	인도네시아 자바선 (부산 기항)	〃	13	4,000	1	〃		남양해운
기항	요코하마~천진선 (부산 기항)	〃	10	2,000	1	월1 / 연15		동아해운
	북선~오사카선 (블라디보스토크 기항)	〃	12	2,500	1	월1 / 연15	1940년 12월 부터 1941년 3월까지	조선우선
	서선~오사카~도쿄선	〃	12	3,500	1	월1 / 연4		
	(다사도 기항)	〃	12	2,500	1	월1 / 연4		
계	7선			30,500	8			
합계	20선			56,482	32			

참고 속력은 최고 속력, G/T는 총 톤수

자료 선교회(1986), 《조선교통사》, p.994

한편 1941년도 이후의 전시 하의 명령항로에 대해서는 항로 및 배의 제약을 받아 종래의 형태를 유지하기는 곤란하였지만, 민생 및 치안에 미치는 영향을 고려하여 항로의 단축 등은 피할 수 없었으나 유지하려고 노력하였다. 1944년도, 즉 제19기에 해당하는 명령항로는 다음의 표와 같다.

항로별	선명	명령항로						사용 중 선박명, 총톤수	수령자
		선박				항해 횟수	보조금		
		선종	속력	G/T	척수				
근해	서선~청도~상해	기(汽)	12	1,500	1	월2 / 연 24회	76,000	釜山丸, 1,631	조선우선
	부산~하카다	기(汽)	13	800	1	월 15 / 연 180	21,000	珠丸, 800	九州우선
계	2선						97,000		
연안	부산~울릉도	기(機)	12	250	1	월4 / 연 48	26,000	大東丸, 267 寶城丸, 200	서일본 기선
	부산~제주도	〃	10	300	1	월7 / 연 90	10,000	晃和丸, 383 新光丸, 102	
연안	목포~제주도	〃	12	200	2	월 29 / 연 348	19,000	大西丸, 228 寶城丸, 200	서일본 기선
계	3선						55,000		
하천	수풍(水豊)~초산(楚山)	기(機)	8	10	2	월 30 / 연 210	2,200	龍安丸, 18 天安丸, 11	조선압록강 항운
합계							174,000		

주 명령 기간 1944년 4월 1일~1945년 3월 31일

자료 선교회(1986), 《조선교통사》, p.995

명령항로는 정책적인 측면이 강한 항로라 할 수 있다. 명령항로는 철도와 도로 등의 개설 후에는 폐지되었다. 명령항로의 변화를 보면 초기에는 연안 해운 위주에서 점차 중국과 일본을 연결하는 근해 위주로 변해갔다. 이는 국내의 철도망이 부설되었다는 것과 함께 당시 일본의 대륙 진출과도 관계가 있다고 할 수 있다.

〈표 13〉 명령항로(보조항로)의 변화

연도	항로	주요 내용	특징
1908년	연안 6선	부산~웅기	
1912~1915년	연안 11선		대동강과 금강, 압록강 수운을 포함

연도	항로	주요 내용	특징
1915~1920년		원산~블라디보스토크 노선을 신설	
1920~1924년		원산~블라디보스토크~ 오사카로 연장 원산~청진~쓰루가 노선	일본이 환동해권 진출
1925~1929년		부산~제주도 조선~홋카이도	이익이 있는 노선 등을 자영으로 돌리고 보조금을 삭감 또는 폐지. 일본~남만주와의 교역 확대. 1928년 함경선 개통으로 원산~청진선 폐지
1930년	19노선	근해 8선, 연안 7선, 하천 2선, 기항항로 2선	
1931~1932년	17노선	부산~오사카. 오사카~ 청진. 오사카~웅기 항로	만주로의 이동 증가
1932~1933년	17노선	부산~울릉도 여수~시모노세끼	여수~시모노세끼를 신설하여 광주~여수철도와의 연결
1934~1935년			만주와의 거래 증가
1936년			광주~여수의 국철 매수로 여수~시모노세끼선의 중요성 증가
1937년		자바항로, 캘러타항로의 조선 기항	교역량의 증가
1938년		함부르크항로의 부산 기항	중국과의 화물 증가
1939년	18선	근해 10선, 연안 2선, 하천 2선, 기항항로 4선	한반도 병참 기지화 서선~도쿄선 다사도 기항(겨울)
1940년	20선	근해 10선, 연안 2선, 하천 1선, 기항항로 7선	필리핀선의 조선 기항
1944년	6선	근해 2선, 연안 3선, 하천 1선	

제2장

철도 개통 이후의 지역 변화

제2장 철도 개통 이후의 지역 변화

1. 철도의 개통

1) 근대 이전의 도시

상업이 발달하고 시전과 사상도고가 발전하여 상인들의 세력이 컸던 고을은 한성과 개성, 평양, 전주, 상주, 대구, 충주, 의주 등의 지방 도시의 인구가 1만~3만 명까지였다. 외국무역이 이루어졌던 서울과 부산, 의주, 회령, 경성 그리고 큰 장시가 열렸던 대구와 평양, 안성, 공주, 강경, 원산, 연일은 모두 대도시이거나 인구 2,500명 이상의 도시에 속하였다.

이들 도시는 전통적인 도시로 철도 개통 이후 상대적으로 쇠퇴한 도시 등이 많이 있다. 특히 충청도와 전라도의 도시 등이 그러한데 경부선과 호남선이 개통되면서 철도가 이들 도시를 직접 통과하지 않았기 때문이다.

<表 14> 근대도시의 변화

	부	지정면	조선 후기 주요 도시(인구 5,000명 이상)와 비교	비교
1913년	12부 경성, 인천, 군산, 목포, 대구, 부산, 마산, 신의주, 평양, 진남포, 성진, 원산		(새로운 도시) 인천, 군산, 목포, 마산, 신의주, 진남포, 성진, 원산	8개 모두 개항지
1917년	12부 경성, 인천, 군산, 목포, 대구, 부산, 마산, 신의주, 평양, 진남포, 청진, 원산	23 지정면 청주, 공주, 전주, 광주, 진주, 해주, 의주, 춘천, 함흥. 진해, 영등포, 수원, 개성, 대전, 강경, 조치원, 김천, 이리, 포항, 통영, 겸이포, 회령, 성진	(새로운 지정면) 춘천, 진해, 회령, 수원, 대전, 강경, 조치원, 김천, 이리, 포항, 통영	수원, 대전, 조치원, 김천, 이리 (철도)
1930년	14부 경성, 인천, 군산, 목포, 대구, 부산, 마산, 신의주, 평양, 진남포, 성진, 원산, 개성, 함흥	41 지정면 수원, 영등포, 춘천, 강릉, 철원, 청주, 충주, 공주, 조치원, 대전, 강경, 천안, 전주, 정읍, 익산, 광주, 여수, 제주, 안동, 포항, 경주, 김천, 상주, 진주, 밀양, 동래, 진해, 통영, 해주, 겸이포, 사리원, 의주, 정주, 선천, 강계, 안주, 나남, 성진, 회령, 웅기, 북청	(새로운 지정면) 수원, 춘천, 장항, 철원, 조치원, 대전, 강경, 천안, 정읍, 익산, 여수, 포항, 김천, 진해, 통영, 겸이포, 사리원, 강계, 나남, 성진, 회령, 웅기, 북청	수원, 조치원, 대전, 천안, 정읍, 익산, 김천, 사리원, 강계, 회령, 웅기, 북청 (철도)

2) 철도의 부설

근대에 들어오면서 경부선과 경의선 그리고 호남선과 경원선 철도가 부설되었다. 철도 노선은 여러 가지 기준에 의해 결정되었다. 그중에서도 전쟁을 위해 빠르게 건설이 가능한 지역이 선택되기도 하였다. 이미 발달한 지역의 경우 철도건설에 대한 반대 등도 있어 새로운 지역을 통과하게 된 경우도 많았다.

이렇게 새롭게 발전한 도시는 경부선의 경우 부산과 대전, 김천, 천안, 경의선의 경우는 신의주, 호남선은 익산과 군산, 목포, 경의선의 경우는 원산 등이다.

철도 노선과 관련하여 통과지역과 그렇지 못한 지역의 발전은 크게 달라졌다. 안성의 경우 조선 시대까지 크게 발전한 지역이었으나 경부선 철도에서 벗어나는 지역으로 침체의 길을 걷게 되었다.

현재 노선
1892년 답사선
1892년 답사선 비교선
1894년 답사선
1899년 답사선

〈인천일보〉 2021년 3월 30일

예부터 서울~부산 사이에는 세 개의 도로가 있었다. 첫 번째는 서울에서 충주 ~안동~경주~울산을 거쳐 부산에 이르는 동로(東路), 두 번째는 동로의 충주에서 분기하여 문경~상주~대구~밀양을 지나는 중로(中路), 세 번째는 청주~영동~금 산~성주~현풍을 거쳐 창원에서 김해를 지나 부산에 이르는 서로(西路)였다.

구체적으로 여기서 중로는 조선 시대 4로(四路)로, 한양~판교~용인~양지(陽智; 현 용인시 양지면)~광암~달내(達川; 속리산에서 발원하여 충주로 흘러 남한강에 합수, 3대 명수의 하나)~충주~조령~문경~유곡역(幽谷驛; 문경시 남쪽에 있음)~ 낙원역~낙동진(洛東鎭; 현 상주시 낙동면)~대구~청도~밀양~황산역을 거쳐 동래, 부산에 이르는 길이다. 서로에 해당하는 5로는, 한양~유곡역은 4로와 같고, 유곡역~상주~성주~현풍~칠원~함안~진해~고성을 지나 통영으로 통한다.

당시의 기록을 통해 보면 다음과 같다.[4] 1903년 가을, 동아시아의 정세가 점점 악화됨에 따라 일본 정부는 외교 · 군사상 수송기관을 정비할 필요를 느끼고, 같은 해 10월 말 경부철도를 서둘러 건설하기로 했다. 12월 2일 지난 명령을 개정하여 1905년 중에 전 노선을 개통하기로 하고 감독을 더욱 엄격하게 하는 규정을 정하였다. 그러나 시국은 점점 긴박해져 이 철도의 전통은 먼저 예정된 기한을 기다리지 못하게 되었으므로, 더 얼마간의 보조가 필요하다고 인정해 의회의 소집을 기다릴 여유도 없었다. 그러므로 정부는 재정상의 필요 처분으로 긴급 칙령의 발포를 청하고, 같은 달 28일 다음과 같이 칙령 제291호가 공포되었다. 철도망의 건설이 군사적인 목적으로 부설된 것이다.

경부철도의 선로는 먼저 고노 다카노부의 답사선이 있고, 후에 청일전쟁 중 센고쿠 일행의 조사선이 있으며, 또 회사의 창립 전 예산의 대략적인 결정을 위해 오에 다쿠, 구노 기사 등의 예측선이 있었는데, 경부철도의 계획이 점점 구체화하면서 가사이 아이지로(笠井愛次郞)를 기사장으로 하여 다수의 기술원과 함께 1900년 3월 선로의 실측을 개시하였다.

이들 각 선은 서로의 전반과 중로의 후반을 잇는 선 또는 이에 근접하는 것으로, 회사는 각 선을 비교 고려한 결과 예로부터 한반도의 보물 창고라고 불리는 충청 · 전라도의 경제적 지위를 중시하고, 또 서울~목포 간 및 서울~부산 간의 경쟁 철도의 출현을 적극적으로 피하려 하는 구노 기사 등의 예측 선에 약간의 수정을 가한 가사이 기사장의 실측 선(일부분이 개량된 현재 노선)을 그대로 채용하였다.

1901년 6월 성립된 회사는 자금 관계상 일시 착수 구간을 단축하였으나 양단

4) 선교회(1986), 《조선교통사》, pp.39~40

으로부터의 기공이 유리하다고 보아 같은 해 8월 21일 영등포에서 북부의 기공식을 거행하고, 같은 해 9월 21일 초량에서 남부의 기공식을 거행하였다. 러일전쟁을 앞뒀는데 여러 산맥을 뚫어야 하는 등 여건상 복합적인 어려움이 있었기 때문이다. 이에 북부선은 전의~회덕~영동 통과 노선이 됐고, 남부선선 대구~청도~밀양~삼랑진~초량~부산진 등을 지나게 되었다. 이때 안성, 진천, 청주 등 예전의 번성한 지역 등이 배제되었다.

러일전쟁 직전에 진행된 제5차 답사에선 전쟁의 병참로를 위해 부산~서울~만주의 열차 운행시간을 최대한 단축했다. 또 공사비 절약을 위해 북부에서 전의~영동~회덕을 잇는 직행 선은 오늘날 경부철도와 거의 일치한다.

경부철도의 궤간은 경부철도 합동 계약에 따라 표준궤간(1,435mm)을 적용하기로 되어있었는데 각 방면에서 각종 이설 및 논의가 생겨났다.

당시의 기록을 통해 보면 다음과 같다.[5]

일본 내에서도 협궤식을 채용하고 있는 데 비하여 여객 화물 수송량이 적은 조선에 광궤의 필요가 없고, 또 경부철도의 자본은 2,500만 엔으로 협궤식 시설을 완성시키는 데도 불충분한데 거액의 부설비 및 영업비를 필요로 하는 표준궤를 채용하는 것은 무리라는 주장도 있었다.

철도작업국 측은 전적으로 궤간 1,000mm를 주장하였는데, 군부 측은 일본국유철도의 궤간 3피트 6인치(1,067mm)를 사용하면 일본 재래의 궤도, 차량 등은 그대로 조선에 전용하는 것이 가능하여, 장래 경의철도 및 만주철도의 완성 시기에는 건설비의 절약이 연락상의 불리함을 충분히 보상할 것이라고 주장하였다.

당시 중국의 철도는 궤간 4피트 8인치 반, 시베리아 철도는 5피트(1,524mm)를 이용하고 있었다. 그러므로 "장래 대륙철도와 연락하여 교통의 간선이 되는 사명

....
5) 선교회(1986), 《조선교통사》, p.39

을 가진 이 철도는 단순한 식민지 철도로 볼 것이 아니라 널리 내다보아 표준궤간을 채용해야 한다."라는 것이 일본 측 가사이 기사장의 주장이었다.

회사 내부에도 다른 의견이 있었지만, 기사장의 의견에 결국 시부사와 회장의 마음을 움직였다. 시부사와 회장은 회사의 방침을 확립하고, 육군 및 철도작업국 측과 수차례 절충을 거듭한 결과, 결국 승인을 얻어 표준궤간 4피트 8인치 반과 75파운드(34kg) 궤도의 채용을 결정하였다. 조선철도 노선이 부산을 기점으로 하여 만주와 중국, 몽골 지역은 물론, 멀리 양자강 연안까지 차량 직통 운행을 할 수 있었던 것은 모두 이러한 궤간 결정에 따른 것이라고 할 수 있다.

궤도는 먼저 일본제철소 제품을 사용했으나, 곧 미국 제품을 사용하였다.

노선 부설에 있어 고려된 것은 수운, 항만과의 연결이었다. 우리나라의 서울과 인천, 일본의 도쿄와 요코하마, 상해, 타이완, 영국 등의 최초의 철도 노선도 예외가 아니었다.

영국의 해양 무역 도시 리버풀은 역사와 상업으로 유명한 항구였다. 리버풀은 대영제국의 성장에 중요한 역할을 하였으며, 미국으로 이주하는 북유럽인과 노예 등 인구의 대량 이동을 위한 주요 항구로 사용되었다. 또한 근대 하역 기술과 수송 체계, 항만 관리의 발전에 선구적인 역할을 하였으며, 이 항구를 생산도시인 맨체스터와 철도로 연결한 것이다. 타이완의 경우에도 타이페이에서 항구인 기륭이 가장 먼저 개통되었다. 미국의 그래나이트철도(Granite Railway, 3.2km 운행 거리)도 화강암 수송으로 유명한데 철도와 수운으로 수송하였다.

이는 당시 항구가 무역과 군사의 중심이었고 이를 내륙까지 연결하는 교통수단이 철도였다. 철도운영자는 버스와 배를 함께 운영하여 연계 수송이 자연스러웠고, 국제수송도 담당하였다.

철도 노선은 1927년 이후 조선철도 12년 계획에 의해 급격하게 확장되었다. 1925년~1937년은 산업선의 확충, 1937년~1945년에는 수송력 증강을 위해 복

미국 그래나이트철도(1854년 건설, 자료 : 위키피디아)

선화, 자동신호 등이 설치되었다. 〈표 15〉를 보면 확인할 수 있듯이 1927년 시작

된 조선철도 12년 계획으로 경전선과 도문선, 혜산선, 만포선, 동해선 등의 건설이

시작되었다. 이처럼 조선철도는 1920년 말부터 확장되기 시작하였는데, 이는 조

선철도의 특징이 두드러지는 시기이기도 하다.

〈표 15〉 일제강점기 철도 노선별 건설현황(국유철도)

선별	구간	착공일	준공일	비고
경인선	경성~인천	1897. 3. 22.	1900. 7. 8.	
경부선	영등포~초량	1901. 8. 20.	1904.12. 27.	1905. 1. 1.(개통)

선별	구간	착공일	준공일	비고
경의선	용산~신의주	1902. 5. 8.	1906. 4. 3.	지정 열차 운행(1905. 3. 10.)
호남선	대전~목포	1910. 10.	1914. 1. 11.	
경원선	용산~원산	1910. 10.	1914. 8. 16.	1914. 9. 16. 개통식
충북선	조치원~충주	1920. 3.	1928. 12. 25.	
금강산선	철원~내금강	1920. 3.	1931. 7. 1.	
장항선	천안~장항	1920.12. 1.	1931. 8. 1.	
전라선	이리(익산)~여수	1929. 4. 18.	1936. 12. 16.	
수인선	수원~인천항	1935. 9. 23.	1937. 8. 6.	
동해남부선	부산진~경주	1930. 7. 10.	1937. 12. 1.	조선철도 12년 계획노선
경춘선	성동~춘천	1936.	1939. 7. 25.	1946. 5. 10. 국유화
중앙선	청량리~경주	1936. 12.	1942. 4. 1.	
경의선	서울~신의주	1938.	1943. 5. 15.	복선
경부선	서울~부산	1936.	1945. 3. 1.	복선
혜산선	길주~혜산진	1931. 5. 1.	1937. 11. 1.	조선철도 12년 계획노선
함경선	원산~상삼봉	1914. 10.	1941.	복선
백무선	백암~무산	1932. 11. 16.	1939. 10. 1.	협궤
평원선	서포~고원	1926. 5. 6.	1944.	
황해선	사리원~하성		1944.	
만포선	순천~만포교	1931. 4. 26.	1939. 10. 1.	조선철도 12년 계획노선
도문선	웅기~동관진	1928. 9. 1.	1931. 2. 20.	조선철도 12년 계획노선

자료 조선총독부 철도국(1940), 《조선철도 40년 약사》, pp.231~326

〈표 16〉 일제강점기 사설철도의 상황(1944년도 말 현재)

회사명	노선명	개업 노선		휴지(정지) 노선		미 개업 노선		비고
		구간	거리 (km)	구간	거리 (km)	구간	거리 (km)	
조선철도(주)	충북선	조치원~충주	94.0			충주~영월	83.6	
	경동선 〃	수원~여주 수원~인천항	73.4 52.0			여주~ 점동면	16.0	협궤(0.762m)
	소계		125.4				16.0	〃
	영춘선					영주~춘양	35.2	
	계		219.4				134.8	

회사명	노선명	개업 노선		휴지(정지) 노선		미 개업 노선		비고
		구간	거리(km)	구간	거리(km)	구간	거리(km)	
경성전기(주)	금강산전철선	철원~창도	67.6	창도~내금강	49.0			
조선경남철도(주)		천안~장항잔교	144.2	안성~장호원	41.4	장호원~원주	46.0	
		천안~안성	28.4					
	계		172.6		41.4		46.0	
신흥철도(주)		함흥~사수	75.6					협궤(0.762m)
		오로~부전호반	74.6					
		풍상~장풍	2.3					
		서함흥~서호리	18.5					
		구룡리~부두	2.1					
	계		173.1					
남만주철도(주)	북선선	웅기~나진	15.2					국가로부터 양도함
	〃	웅기~상삼봉	180.0					
	〃	남양~두만강중심	3.3					
	계		198.5					
동만주철도(주)		훈융~두만강중심	1.2					
다사도철도(주)		양시~다사도	24.1					
삼척철도(주)		묵호항~도계	41.4					이외에, 국철로부터 위탁받은 노선, 북평~삼척 구간 12.9km 있음
경춘철도(주)		성동~춘천	93.5					
조선평안철도(주)		진남포~용강온천	34.7					
단풍철도(주)		단천~홍군	80.3					
평북철도(주)		정주~압록강중심	121.6					
		부풍~수풍	2.5					
		부풍~수풍호안	4.1					
	계		128.2					
서선중앙철도(주)	장산리선	신성천~불창	36.1			북창~장상리	32.0	
		구정~재동	4.4			간리~장산리	10.6	
	계		40.5				42.6	
조선인조석유(주)		아오지~오봉동	10.4					

회사명	노선명	개업 노선		휴지(정지) 노선		미 개업 노선		비고
		구간	거리 (km)	구간	거리 (km)	구간	거리 (km)	
조선마그네사 이트개발(주)		여해진~용양	59.7					
천내리철도 (주)		용담~천내리	4.4					국가가 대여
원산북항(주)		문천~원산북항	10.3					
종연실업(주)		화순~복암	11.8					국가가 대여
군산부영철도		군산항역~해망정	1.0					국가가 대여
인천부영철도		인천항역~송현정	2.8					국가가 대여
	합계		1,375.5		90.4		223.4	

자료 선교회(1986), 《조선교통사》, pp.877~883

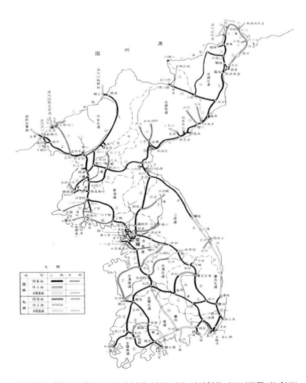

〈그림 5〉 철도 노선도(1945년 현재, 빨간 선은 사설철도, 《조선교통사》 참조)

3) 사설철도와 지역의 변화

사설철도 운영에 따른 지역의 변화를 당시 기록을 중심으로 설명해 보고자 한다.[6]

(1) 금강산전기철도

금강산전기철도(주)는 경원선 철원역을 기점으로 강원도 회양군 안풍면 화천리까지 길이 101.4km, 궤간 1.435m의 전기철도 부설 허가를 1919년 8월 12일에 얻었다.

이 회사는 조선에서 수력전기로 전기사업을 하고, 그 전력을 동력으로 하여 철도사업을 경영하며, 남는 전력을 가지고 지방의 전등 전력사업도 운영하였다. 또한 경성전기(주)에 전기를 팔았다. 나아가 철도사업으로 세계적인 명산인 금강산 관광에 기여하였다.

(2) 조선경남철도

조선경남철도(주)는 경부선 천안역을 기점으로 충청남도 서부 해안을 끼고 남하하여 전라북도 군산(群山) 대안(對岸)까지 그리고 천안에서 북상하여 안성까지 158.8km, 궤간 1.435m의 증기철도 부설을 신청하여 1919년 9월 30일 허가를 받았다.

이 철도는 충청남도 및 경기도 남부, 강원도 중앙부를 횡단하여 동해로 통하는 일대 교통로를 형성하는 것이다. 또한 허가선 연선(沿線)은 기름진 들판을 이루는 광대한 농지와 굴곡이 많은 장대한 해안선을 끼고 해륙산업의 개발과 경제 지역과의 교류 발전 촉진 측면에서 주목을 받았다.

....

6) 선교회(1986) 《조선교통사》, pp.807~808, pp.864~866

(3) 신흥철도

신흥철도(주)는 1931년 4월 30일 국철 함경선 함흥에서 서호리까지 연장 18.5km, 궤간 0.762m의 증기·전기철도의 부설 면허를 얻었다. 함흥~서호진 구간에는 과거 함흥탄광철도(주)가 1913년 9월 29일 부설 허가를 얻어 1915년 12월 20일부터 영업을 개시하였는데, 국철 함경선의 부설로 같은 구간을 병행한다는 이유로 국가가 매수하여 1922년 12월 1일부터 폐지되었다.

그 후 서호진 지역이 조선 질소비료 등의 공장지대로 발전하여 함흥시가와 화물, 여객의 교류가 왕성해져 다시 사설철도가 출현하였다. 회사는 이미 부설된 함남 송흥에서 도안까지의 구간 28.5km의 부설 면허를 9월 15일 얻었다. 이 구간의 부전령(赴戰嶺)이라는 준험한 곳을 넘는데, 700m나 되는 해발고도 차이(標高差)로 인해 조선에서는 최초의 강삭철도(鋼索鐵道, 인클라인) 7.1km가 운행되었고, 동력으로 전기를 추가한 것도 이 때문이었다.

(4) 다사도철도

1935년 다사도(多獅島)철도(주)는 1월 21일 국철 경의선의 종단 신의주에서 평안북도 다사도까지의 39.3km, 궤간 1.435m의 철도 부설 면허를 얻었다. 신의주와 건너편인 만주 측 안동은 모두 압록강 유벌(流筏, 베어낸 나무를 강물로 띄워 보냄)의 집산지로, 황해로 통하는 배로 연결되는(舟運) 교통으로 번영해 왔다. 그런데 약 12월부터 다음 해 3월까지의 겨울 동안은 압록강의 동결로 인해 이러한 경제활동이 모두 정지되는 단점을 가지고 있다. 그러나 하류 30km 정도 되는 다사도 부근은 혹한일 때도 얼지 않으므로, 이것을 이용할 수 있게 되면 1년 동안 경제활동이 가능해진다. 이것에 착안하여 철도 부설을 하게 된 것이다. 다른 한편으로 다사도의 항구 건설도 진행되어 양쪽 계획이 진척되어 나갔다.

이어 같은 회사는 12월 10일 같은 철도의 양시(楊市)에서 분기하여 국철 경의선

남시(南市)까지 18km 지선의 부설 면허를 얻었다. 이것으로 다사도철도는 경의선 양쪽으로 접속하게 되어 경의선의 복선적인 기능도 하게 되었다.

(5) 조선경동철도

조선경동철도(주)는 7월 5일 기존 부설된 여주에서 경기도 점동면까지 16km 노선에 이어 9월 23일 국철 경부선 수원에서 인천항까지 54km, 궤간 0.762m의 증·가솔린 철도의 부설 면허를 얻었다. 이 철도는 인천항과 수원을 연결하고 나아가 이미 부설된 노선을 통해 오지와의 중요한 교통로를 형성하는 것이 되었다.

조선철도(주)는 10월 10일 황해선 기존 면허 노선의 도중인 취야에서 옹진까지 구간 25.2km의 철도 부설 면허를 얻었다.

(6) 삼척철도

삼척철도(주)는 1936년 3월 2일 강원도 동해안 정라(汀羅)에서 도계(道溪)까지의 35.7km, 궤간 1.435m의 철도 부설 면허를 얻었다. 이 철도는 삼척지구의 무연탄 지하자원 개발을 주목적으로 하며 그 수송기관으로서 계획된 것이다. 이 무연 탄광은 지리적으로 교통이 불편한 강원도 오지에 있으며, 지역적으로도 불리한 조건이 많았으므로 개발이 늦어져 있었다. 일본전력회사는 발전 연료의 확보를 위해 삼척 탄광에 관심을 가지고, 소유자인 조선무연탄회사로부터 권리를 받아 개발에 착수, 삼척개발회사가 창립되어 채광을 시작하였다. 무연탄을 일본으로 출하하는 항구로 처음 정라를 기점으로 하여 철도 면허를 얻었지만, 다음 해 3월 25일 이것을 묵호(墨湖)로 변경하여 철도 연장도 6km 늘어나 전체 41.7km가 되었다.

(7) 경춘철도

경춘철도(주)는 1936년 7월 13일 경성부(京城府) 청량리에서 강원도 춘천까지의 구간 92.2km, 궤간 1.435m, 증기·경유(輕油)철도 부설 면허를 얻었다. 춘천은 강원도 거의 중앙에 있는 도청소재지 및 주요 지방 도시로, 철도 부설 요청이 이전부터 있었다. 1920년에 경춘전기철도(주)가 경성~춘천 간에 면허를 얻었지만, 오랫동안 공사에 착수하지 못해 그만 1926년에 면허의 효력을 잃었다가 다시 부설 면허를 얻게 되었다. 춘천이 경성과 가까운 곳임에도 불구하고 철도의 혜택을 입지 못한 것은, 연선(沿線)의 농림산업 이외에는 두드러지는 산업 없이 춘천 이외에 특별한 도읍도 없었던 것이 주요한 이유였다.

그러나 조선에서 산업개발이 진행되고 경제활동이 활발해져 경성과 춘천의 관민(官民) 사이에서 철도 부설에 대한 의지가 생김에 따라 자본금 1천만 엔의 철도회사가 탄생하게 된 것이다. 면허는 처음 경성 교외의 청량리에서 춘천까지 92.2km였는데, 1937년 6월 15일 사업계획서의 변경으로 기점을 경성부의 제기정(祭基町)으로 옮겨, 선로 연장이 95.6km가 되었다. 그러나 공사 시행으로 결국 93.5km가 되었다. 당시 조선의 수많은 사설철도 대부분이 일본 자본가에 의해 건설되었지만, 이 철도는 다음에 언급할 조선평안철도와 함께 조선에 거주하는 사람들과 조선 내 자본에 의해 부설된 사설철도라고 할 수 있다.

(8) 조선평안철도

조선평안철도(주)는 1936년 9월 7일 국철 평남선 진남포에서 평안남도 귀성(貴城)면 용강온천까지의 구간 35.7km, 궤간 1.435m의 철도 부설 면허를 얻었다. 이 철도는 연선 주변으로 광량만(廣梁灣)의 큰 제염(製鹽)장으로 산출하는 소금 수송을 주요 목적으로 계획되었으며, 더불어 연선 주변 농산물의 수송 및 용강온천 여객의 편의를 도모하기 위한 것이었다.

단풍(端農)철도(주)는 1936년 12월 26일 국철 함경선 단천(端川)에서 함경남도 천남면 홍군리까지의 구간 74.5km, 궤간 1.435m의 철도 부설 면허를 얻었다. 이 철도는 함경남도 동북부 오지의 전원(電源)개발이 주요 목적으로, 장진강 수력전기회사의 언제(堰堤, 댐) 공사로 사용할 자재 수송을 위해 계획된 것인데 연선 지방 개발보다는 오지의 삼림자원 개발에 공헌하였다.

2. 철도와 도시의 발달

우리나라에 철도가 부설되어 노선을 중심으로 한 새로운 도시가 발전하였다. 철도는 개항지와 내륙의 도시들을 연결하는 노선이었다. 노선의 특징은 도로와 비슷하게 종관형으로, 이는 지형과 도시 발달을 반영한 것이라고 할 수 있다.

1905년 경부선과 경의선, 1914년 호남선과 경원선이 완공되면서 조선 시대에 발달하였던 도시와 다른 새로운 도시들이 철도 부설과 함께 성장하였고, 기존의 도시보다 신흥도시 중심으로 발전하는 양상을 보였다. 1905년 경부선의 개통으로 서울과 부산의 이동시간이 14일에서 14시간으로 단축되어 시간과 공간의 지도가 바뀌게 되었다.

철도와 도청소재지의 이전도 깊은 관련이 있는데, 1910년에는 경기도 도청소재지를 수원에서 경성부로, 1920년에는 함경북도 도청소재지를 원산에서 나남(청진)으로, 1923년에는 평안북도 도청소재지를 의주에서 신의주로, 1925년에는 경상남도 도청소재지를 진주에서 부산으로 각각 이전하였다. 모두 철도가 지나가는 곳이었다.

전통적으로 대구와 공주, 상주, 의주, 전주, 광주, 함흥이 발달하였는데, 철도 개

통 이후 각각 부산과 대전, 김천, 신의주, 익산, 군산, 목포, 원산 등의 도시가 발전
하게 되었다.

〈표 17〉 신흥철도 도시(부)의 인구변화

(단위 : 명)

연도별 지역별	1915년(A)	1925년	1935년	1944년(B)	B / A
부산부	60,804	106,642	182,503	329,215	5.4
대전부	8,600	14,930	39,016	76,306	8.8
신의주부	6,110	23,176	58,462	118,398	19.3
군산부	10,963	21,559	41,698	57,589	5.3
목포부	12,782	26,718	60,734	69,269	5.4
원산부	22,413	36,421	60,169	112,157	5.0

자료 《조선총독부통계연보》 참조

당시 부는 시에 해당하는 것으로, 신흥도시 인구 증가는 신의주가 가장 많이 증

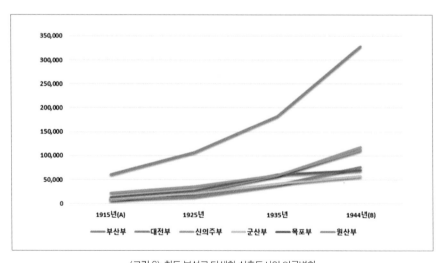

〈그림 6〉 철도 부설로 탄생한 신흥도시의 인구변화

가한 19.3배를 제외하면 거의 5배~8배로 1920년과 1944년을 비교해 볼 경우도 부(시)의 전체적인 인구 증가율은 5.7배에 달해 비슷한 증가율을 보인다.

당시의 우리나라 전체 인구는 1920년과 1944년을 비교해 볼 때 전체인구는 1.5 배 증가하여 당시 도시부에 해당하는 곳이 더 많이 증가한 것을 알 수 있다. 철 도와 연결된 지정면 / 읍에 해당하였던 곳을 보면 **〈표 18〉**과 같이 김천의 경우도 1920년에 비해 1940년에 3.4배나 인구가 증가하였다.

〈표 18〉 신흥철도 지정면 / 읍의 인구변화

(단위 : 명)

연도별 지역별	1920년(A)	1930년	1940년(B)	B / A
천안	–	12,644	15,982	
익산	7,267	17,964	21,768	3.0
김천	8,932	15,520	30,380	3.4

자료 《조선총독부통계연보》 참조

철도망으로부터 소외되어 발전이 멈춘 대표적인 예의 하나는 경상북도 상주 이다. 1928년 통계를 보면 상주 인구는 24,000명, 김천이 13,000명, 안동이 10,000명, 문경이 2,000명, 예천이 5,000명으로 상주는 그 지역의 중심이었다. 상주는 쌀 생산과 양잠으로 유명하였고, 예로부터 상주 명주는 전국적으로 품질이 좋기로 유명하였다.

그러나 상주는 철도 경부선이 김천을 경유함에 따라 해방 이후 계속해서 발전 에서 소외되어 현재에 이르고 있다. 현재는 김천에서 영주까지 연결되는 경북선 상에서 위치하고 있는데, 2004년의 인구는 상주가 11만 명, 김천 인구는 14만 명 이었다.

철도가 발전한 지역은 역을 중심으로 도시가 성장하기 시작하였다. 사람들이 역 주변에 정주하면서 관공서와 학교, 상업 기능 등이 집적되었고, 인구가 증가하고 지역이 발전하기 시작하였다. 철도가 만든 신흥도시를 보면 대부분 철도역 주변에 경찰서, 우체국, 행정기관, 학교, 시장, 상점 등이 들어서면서 지역이 크게 변화하였다. 다음의 **〈표 19〉**를 보면 철도 개통으로 소비가 촉진되었고, 사업과 각종 영업이 발전하여 인구 증가와 지역의 발전, 관광객 증가 등으로 이어졌다.

〈표 19〉 철도 개통과 도시의 발전

	주요 내용	영향력
소비	제조 원료의 소비 생활필수품의 소비 재해	- 제조업 원료의 철도이용(철과 석탄) - 생필품 수송에 의한 생활 향상 - 재해 시 물자 수송
상업	국내 상업 외국무역	- 철도에 의한 화물 수송 증가 - 철도 개통에 따른 철도역 주변의 상업 발달 - 운송비의 절감 - 외국무역의 증대 - 항만의 철도시설 확대 - 여행이용자의 증대
통신	통신업의 발달	- 우편제도의 발달 - 해외로의 통신시간 단축 - 철도의 우편물 수송에 의한 수입 증가 - 철도의 통신선을 일반을 위해 사용
각종 영업	운송업의 발전 창고업의 발전 철도 구내영업의 발전 여관, 음식점의 발달 도선업의 쇠퇴 관광지의 발달	- 통운 사업의 발전 - 창고의 증대 - 역 구내영업의 활성화 - 철도 개통에 따른 여관과 음식점의 성장과 쇠퇴 - 도선업의 쇠퇴 - 새로운 관광지 개발
인구변화, 도시발전	도시의 팽창 철도 정차역의 발전	- 신흥도시의 인구 증가 - 대도시로의 인구 이동 - 철도로 연결되는 지역 발전 - 철도의 개통으로 인한 도시의 발전과 쇠퇴
문화	문화의 발달	- 학교 교육의 발달에 기여(통근, 수학여행, 학교 용품) - 지식의 교환(교류의 촉진, 단체여행, 순회강연의 촉진) - 신문, 잡지의 보급(신문, 잡지의 수송) - 풍속의 변화(음식, 두발, 의복, 건축, 언어, 제사, 오락, 연극, 사진)

자료 鉄道院(1917), 《鉄道の社會及び經濟に及ぼせる影響》를 참조하여 정리

〈그림 7〉 일본의 신칸센 개통과 쇠퇴한 도시(X는 쇠퇴한 도시) (일본 波床正敏 교수 제공, 오사카산업대학)

한편 일본의 경우도 재미있는 분석이 있다. 고속철도인 신칸센이 개통되면서 이 노선에서 벗어난 도시들이 쇠퇴의 길을 걷게 되었다는 점이다. 자료를 보면 쇠퇴한 도시로는 하코다테, 도야마, 가나자와, 와카야마, 도쿠시마, 구마모토, 가고시마가 그러한 도시이다. 이러한 도시들은 메이지 시대에 인구가 전국 15위 내에 포함되었지만, 지금은 여기에 포함되지 못하고 쇠퇴의 길을 걷고 있다. 이는 신칸센 운행 여부가 큰 영향을 미쳤다고 할 수 있다.

〈표 20〉 철도 개통 전후와 철도역 부근 발전

구분 도시	철도 개통	철도 개통 이전	철도 개통 이후	역 주변 변화
서울	1905년	사대문 안 중심	광역교통 중심 발전	도심의 확장
부산	1905년	동래 중심	항만에 철도역	도심의 확장
대구	1905년	3대 시장. 읍성	읍성의 해체와 중앙로 중심 150m(읍성과 철도역)	역 주변의 상권발달
대전	1905년	회덕 중심	역 중심 발전(중앙동)	역 주변에 신시가지 입지
천안	1905년	삼남대로(도로)		상권의 발달
수원	1905년	사대문 안 발전	2km(읍성과 철도역)	역 주변에 신시가지 조성
평택	1905년	삼남대로(도로)와 수운	외곽에 역 설치	원평동(서쪽)에서 역(동쪽) 중심 발전
조치원	1905년	시장과 교통	철도역 중심 발전	1911년 연기군청의 남면 연기 리에서 조치원역 부근으로 이전
김천	1905년	전국 5대 시장(도로 및 수운)	김천 우시장(전국 최대)	역 중심 발전
삼랑진	1905년	영남대로와 수운의 발달	경부선과 경전선	역 중심 발전(송지리)

〈표 21〉 철도 개통과 인구의 변화

(단위 : 명)

시기 도시	철도 개통	1920년	1940년	1960년	1980년
서울	1905년	250,208	935,464	2,445,402	8,364,379
부산	1905년	73,855	249,734	1,163,671	3,159,766
대구	1905년	44,707	178,923	675,644	1,604,934
대전	1905년	6,104	61,923(1941)	229,393	651,642
천안	1905년	12,644(1930)	15,982	43,809	120,818
수원	1905년	9,817	28,872	90,981	310,476
평택	1905년	–	12,097	25,163	234,356
조치원	1905년	4,991	9,274	23,049	29,771
김천	1905년	8,932	30,380	51,164	72,229
삼랑진(밀양)	1905년	14,915(1925)	19,421	20,536	–

제3장

철도와 도시

제3장 철도와 도시

1945년 해방 후 3년간의 미 군정을 거쳐 1948년에 대한민국 정부가 수립되고 그해 12월에 체결된 '대한민국과 미합중국과의 원조 협정'에 따라 1949년 1월 1일부터 경제 부흥계획이 수립되었다. 제1차 5개년 부흥계획은 미국의 적극적인 협조 하에 그 첫 단계로 3대 산업선(영암선, 함백선, 문경선) 건설 착수는 한국의 경제 부흥을 위한 철도 부설과 산업개발의 첫걸음이었다.

해방 이후의 철도건설은 수익 채산성보다는 지하자원 개발과 산업발전을 촉진하기 위한 정책상의 철도건설이 대부분이었다. 특히 지역사회 개발을 위한 노선은 대체로 동서의 횡단철도였으며, 대표적으로 영암선과 함백선, 충북선, 경북선, 경전선, 광주선 등이었다. 산업철도 노선은 지하자원의 채굴이나 수력 및 화력발전 개발을 목적으로 노선 주변에는 시멘트, 비료, 제철 등 기간산업이 자리잡았다.

1953년 휴전 성립 직후의 한국 철도의 현황을 보면 선로 총연장은 4,265.4km, 영업 거리는 2,767.8km, 역은 412개소, 교통부 직원은 2만 8,525명이었다.

이 시기 전후 부흥사업의 목적으로 건설된 철도 노선은 충북선과 삼척발전소선, 강경선, 주인선(주안에서 남인천 구간), 오류동선, 사천선, 김포선, 옥구선, 우암선, 울산선, 장생포선 등이었으며, 이 중 충북선은 기존의 충북선(조치원~충주)을 연장하여 중앙선과 연결하는 것으로, 중부 내륙지역을 전국의 육상 교통 체계 안에 편입시키는 데 기여하였다.

1960년대에는 철도청의 발족과 산업철도 건설, 시설 현대화가 추진되었고, 철도 노선 중심으로 복구가 진행되어 수송량이 증가하였다. 또한 경제개발을 위한 석탄, 시멘트 등의 자원 수송을 위해 노선이 급격하게 부설되어 수송량이 급증하였다. 경제개발을 위해 교통망 부설 역시 급하게 요청되었는데, 1960년 중반부터 고속도로가 건설되고 간선도로망이 갖추어져 도로 수송량이 급격하게 증가하였다. 이에 비해 철도 수송량의 증가 속도는 도로에 미치지 못하였다.

1961년 말까지 거의 완료한 복구공사와 아울러 새로운 철도의 건설도 추진되었으며, 1962년부터 시작되는 경제개발 5개년 계획에 의해서 본격화되었다. 이 기간에 황지선과 경북선, 정선선, 동해북부선, 능의선, 망우직결선, 경전선, 경인선 복선화, 진삼선, 광주선 등 산업선을 중심으로 추진되었다.

1960년대 후반에는 정선선과 경전선, 문경선이 새롭게 건설되었고, 호남선의 일부 구간의 복선화가 완료되었다. 또한 태백선과 중앙선, 영동선, 경인선, 경부선 (서울~수원 구간) 등의 전철화 공사 등은 당시 화물 수송 위주로 발전하였다.

1970년대에는 산업철도 전철화와 수도권 전철이 추진되었다. 서울지하철 1호선과 함께 수도권 전철 경부선 서울~수원 41.5km 복선전철, 경인선 구로~인천 27.0km 복선전철, 경원선 용산~성북 18.2km 복선전철 등이 건설되면서 철도건설은 전철화를 고려한 철도시설을 설계·시공하게 되었다.

개통된 후 간선철도와 도시철도의 전체 이용객은 증가하였지만, 수도권을 중심으로 한 도시철도와 광역권의 철도 수요가 늘었고, 간선철도의 경우 1980년대에는 절대적인 수송량이 감소 추세로 돌아섰다. 여기에는 자가용 수송의 증가도 큰 영향을 미쳤다.

1980년대에는 기존 선의 용량 증대, 부산지하철 개통, 1990년대에는 고속철도 건설과 2000년 이후에는 고속철도가 개통되어 철도의 모습은 획기적으로 변화하였다.

고속철도 운영은 주요 간선의 포화 문제 해결과 증가하는 물류비 문제를 한꺼번에 해결하는 묘책이었는데, 그 결과 철도 여객 수송량은 2004년 고속철도 개통 후에는 그 감소세가 둔화하였고 2010년 이후 증가하고 있다.

한편 화물의 경우 증가 추세에 있다가 1990년대부터 감소하기 시작하여 현재까지 감소가 지속되고 있다.

고속철도의 경우 2004년 경부고속철도가 개통되었고, 2015년에 호남고속철도, 2017년에 원주~강릉선이 개통되었다. 수도권 전철과 지하철의 경우 1974년에 서울지하철 1호선이 개통되었고, 서울지하철 5~8호선 개통 후 1999년 이후 연간 지하철 수송 인원은 20억 명을 넘게 되었다.

철도와 도시의 관계에서 하나 생각해야 하는 것은 우리나라의 교통정책 변화이다. 근대 교통망으로 철도가 부설되어 도시가 크게 변화하였는데, 1960년부터 도로가 본격적으로 건설되면서 자동차 사회가 되었고, 도시 성장에 고속도로와 자동차가 큰 영향을 미치게 되었다. 다음의 **〈표 22〉**는 우리나라의 교통정책의 기조를 나타낸 것으로 1970년부터 본격적으로 도로 위주의 투자가 이루어졌다. 그 후 다시 철도의 부활을 알리는 고속철도 건설이 본격화되어 다시 도시 발달에 철도가 영향을 미쳤다고 할 수 있다

〈표 22〉 교통정책의 변화

시기 구분	1950년대	1960년대	1970년대	1980년대	1990년대	2000년대
교통 정책 기조	전후 복구 및 재건	기반시설 건설	경제부흥을 위한 기반시설 확충 및 현대화	생활의 질 향상을 위한 기반시설 정비	고성장에 따른 애로 타개	편리하고 빠른 교통 체계의 제공

시기 구분	1950년대	1960년대	1970년대	1980년대	1990년대	2000년대
철도 정책 변화	• 전후 복구 및 재건 • 디젤기관차 도입 추진	• 철도청 발족 및 운영 체계 합리화 추진 • 산업철도 건 설, 정비 • 시설 현대화	• 산업철도 현 대화, 전철화 • 수도권 전철 개통	• 기존 선로 용량 증대 • 고속전철 타 당성 조사 • 부산시 지하 철 개통	• 경부고속철 도 착공 • 호남고속철 도 타당성 검토 • 도시 대중 교통 시설 로서 지하 철 건설	• 경부고속철 도, 호남고 속철도 개통 강릉선 개통

자료 국토개발연구원(1996), '국토 50년―21세기를 향한 회고와 전망'을 참고로 수정

여기서 당시의 변화를 자세하게 살펴보고자 한다.

1. 교통정책의 변화와 도시

1) 도로의 발달과 철도의 정체

1960년대 후반부터 도로의 발달로 철도수송량은 감소하기 시작하였다. 당시의 철도 상황은 매우 절박하였다. 첫 번째 원인으로는 철도 투자액의 절대 부족이었다. 그동안 철도 투자는 경부고속철도와 수도권 전철 이외에는 매우 제한적으로 이루어졌다.

우선 첫 번째로 투자 규모가 일반철도의 경우 1996년까지 1천억~2천억 원에 불과하였으며, 1조 원을 넘어선 해가 2001년이었다. 특히 투자의 내용도 일제강점기에 건설된 철도를 안전 확보 차원에서 최소한으로 개량·보수하는 수준으로, 철도 미연결 구간의 확충을 위한 투자가 거의 없었다.

이로 인해 우리나라 철도 스톡(Stock)은 정체 상태이며 선진국에 비해서도 매우 열악하였다. 특히, 그리스와 포르투갈, 스웨덴, 영국 등 한국과 국토계수[7]가 유사한 4개국과 비교 시 우리나라 철도 스톡은 이들 국가의 40~50% 수준에 불과하였다(도로의 경우는 73.9% 수준).

〈표 23〉 교통 부문별 시설 추이(1962년~2004년)

구분	도로 연장		철도 연장		도시철도 연장		항만하역 능력		공항시설 능력 (운항 횟수)	
	(km)	대비	(km)	대비	(km)	대비	(백만 톤)	대비	(천 회)	대비
1962	27,169	1.00	3,032	1.00	−	−	−	−	−	−
1970	40,244	1.48	3,193	1.05	−	−	−	−	40.8	1.00
1980	46,951	1.73	3,135	1.03	40.7	1.00	82.3	1.00	44.0	1.08
1990	56,715	2.09	3,091	1.02	123.0	3.02	224.3	2.72	139.5	3.42
2001	91,396	3.36	3,125	1.03	401.4	9.86	469.6	5.70	283.9	6.96
2002	96,037	3.53	3,129	1.03	411.5	10.11	486.5	5.91	467.0	11.45
2003	97,252	3.58	3,140	1.04	597.1	14.67	527.9	6.14	−	−
2004	100,278	3.69	3,374	1.12	−	−	−	−	−	−

자료 건설교통부, '건설교통통계연보', 각 연도, 해양수산부, '해양수산통계연보', 각 연도

두 번째로 기존 선의 속도 향상이 지속적으로 추진되었지만, 도로와 비교해 속도 면에서 경쟁력이 그리 높지 않았다. 1960년대에는 무궁화의 최고 속도는 95km/h에서 1969년에 110km/h, 1985년에 140km/h 정도로 속도가 향상되었다.

교통수단의 선택에 있어 가장 중요한 요소는 속도라고 할 수 있는데, 우리나라

....

7) 국토계수란 국토면적과 인구밀도를 함께 고려하기 위한 지표로서 국토계수는 다음과 같이 구한다.
국토계수 $= \sqrt{\text{국토면적}(km^2) \times \text{인구}(\text{천명})}$

철도는 자동차와 속도 경쟁력에서 우위에 있지 못하였다. 즉, 새마을호의 속도가 20년 전과 같이 최고 140km/h 머물렀으며, 실제 운행속도는 과도한 곡선 구간 및 취약한 설비 조건 등으로 107km/h 정도에 불과했다.

〈표 24〉 철도수송 실적 추이(1961년~1989년)

구분 연도	여객 수송 실적			화물 수송 실적		
	인	전년 대비	인 · km	톤수	전년 대비	톤 · km
1961	88,291,384	100	5,371,536,692	15,392,998	100	3,485,562,989
1965	107,176,524	121	6,916,810,262	22,376,527	145	5,043,652,418
1970	131,251,008	122	9,819,055,376	31,550,928	141	7,708,825,968
1975	220,951,668	168	12,925,872,614	42,757,705	136	9,292,821,459
1980	430,773,286	194	21,639,874,874	49,009,430	115	10,797,616,141
1985	503,122,408	117	22,595,213,295	55,345,538	113	12,296,169,722
1989	584,659,335	116	27,390,014,471	58,670,136	106	13,604,793,338

자료 철도청, '철도통계연보'

〈표 25〉 열차 최고 속도 변화

연대 및 열차명	구간	소요 시간	속도(km/h)	
			표정	최고
1899. 9. 18.	노량진~인천	1:40	20~22	60
1936. 12. 1. 아카쓰키	경성~부산	6:45	67	95
1940. 아카쓰키	경성~부산	6:30	69	110
1946. 5. 20. 조선해방자호	경성~부산	9:40	47	80
1954. 8. 15. 통일호	서울~부산	9:30	47	80
1960. 2. 무궁화호	서울~부산	6:40	67	95
1962. 5. 15. 재건호	서울~부산	6:10	72	100
1969. 6. 10. 관광호	서울~부산	4:50	92	110
1974. 8. 15. 새마을호	서울~부산	4:50	92	110
1983. 7. 1. 새마을호	서울~부산	4:40	95	120
1985. 11. 16. 새마을호	서울~부산	4:10	107	140
2004. 4. 1. KTX	서울~부산	2:34	159	300

연대 및 열차명	구간	소요 시간	속도(km/h)	
			표정	최고
2016. 2. 9. KTX	서울~부산	2:18	181	300
2016. 12. 9. SRT	수서~부산	2:14	181	300

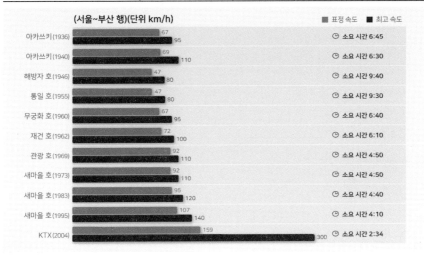

자료 한국교통연구원(2004), '21세기 국가철도망 구축 기본계획 수립연구'를 참고

세 번째로는 여유 용량 부족과 네트워크 효율이 떨어졌다. 우리나라 철도는 선로용량 한계에 이른 노선이 많아 효율적인 열차 운행에 차질이 있었고, 수요 증가에 적절하게 대응하지 못하는 문제가 있었다. 특히 서울~시흥(현 금천구청) 간의 한계로 서울역에 고속철도를 투입하는 데 어려움이 있었으며, 중앙선과 영동선, 경전선 등 많은 노선도 포화상태였다.

<표 26> 주요 철도 용량 애로 구간 현황(2006년 현재)

(단위 : 회, %)

구분 / 선별	구간	선로용량	여유 용량	여유율	운행횟수
경부선	서울~시흥	171	8	4.6%	166~180
중앙선	봉양~제천	121	14	11.6%	108
	단성~영주	34	2	5.9%	32
영동선	도계~동해	36	4	11.1%	32
태백선	고한~태백	25	3	12.0%	22
경전선	진주~순천	22	0	0.0	22
대구선	동대구~영천	39	6	15.3%	33

자료 한국철도공사

아울러 우리나라 철도는 미연결 구간이 많아 일관 수송이 불편하였고, 주요 공항 및 항만 등 목적지까지 직접 연결 노선이 없는 등 단절 없는 서비스를 제공하기 위한 시설이 부족하였다.

네 번째로는 철도 투자 부족으로 궤도 및 구조물이 노화되어 있어 고속 및 안전 운행에 차질을 주었고, 터널이나 교량 등 궤도 구조가 재래식이다. 또한 열차집중 제어장치 등 신호 설비의 현대화 수준도 매우 낮은 실정이었다. 그러나 1990년 이후 철도의 중요성에 대한 인식과 함께 철도 투자는 약간 증가하였다. 1995년에 도로와 비교해 약 36%에 불과했던 철도 투자 규모는 2006년에는 53%까지 증가하여 철도가 차지하는 비중이 증가하였지만, 그런데도 철도의 투자액은 도로 투자의 반 정도에 불과하였다.

<표 27> 1990년대 이후의 교통시설특별회계 내역(세출예산 기준)

(단위 : 억 원, %)

구분 연도	도로(A)	철도(B)	공항	항만	광역교통	계	B / A
1995	32,849 (54.7)	11,809 (21.9)	3,645 (6.8)	4,900 (9.1)	–	53,840 (100.0)	0.36
2000	75,330 (61.1)	28,590 (23.2)	7,423 (6.0)	9,739 (7.9)	2,227 (1.8)	123,309 (100.0)	0.38
2005	69,164 (52.9)	34,849 (26.7)	4,005 (3.1)	17,636 (13.5)	4,932 (3.8)	130,586 (100.0)	0.50
2006	64,828 (51.5)	34,150 (27.1)	3,848 (3.1)	17,526 (13.9)	5,601 (4.4)	125,953 (100.0)	0.53

주 1. 도로에는 광역도로, 산업단지 진입도로, 철도에는 광역철도 및 지하철, 고속철도 포함
2. 중앙정부에 의한 투자를 정리한 것임.
3. 2005년 이후 철도계정은 도시철도계정 포함 금액임.
4. ( )의 숫자는 비율 %를 의미함.

마지막으로 철도는 교통 시장 및 환경 변화에 적절하게 대응하지 못했다. 그동안 우리나라 철도는 고급, 고속화된 서비스에 대한 이용자의 높아진 욕구에 부응하지 못하였고, 특히 고속철도 개통에 따라 전국이 반나절 생활권으로 변모하였으나, 교통여건 변화에 대응하는 연계 수송체제 구축은 미흡하였다. 아울러 철도 물류의 경우 택배 활성화 등 다품종 소량생산 체제로의 전환이 적기에 이루어지지 않아 일관 수송체제 미비로 인해 환적이 불가피하여 신속성이 요구되는 화물처리에 한계가 있었다.

이러한 문제점을 개선하기 위해서 고속철도의 건설과 함께 시설과 운영을 분리하는 방안 등이 모색되었다. 이른바 상하 분리 방식은 유럽에서 도입된 철도정책으로 인프라 건설과 유지 보수는 국가책임으로, 운영은 공공성과 기업성을 조화롭게 추진하는 공사 책임으로 추진하는 것이었다.

2) 우리나라 고속철도의 건설

고속철도 건설정책의 추진에는 당시 해외에서의 고속철도 성공사례가 우리에게 많은 영향을 주었다. 당시 일본의 성공적인 신칸센 운영과 프랑스 TGV 운영으로 각국에서 철도가 부활하는 계기가 되었다. 우리나라 고속철도 건설은 1992년 6월 30일 충남 아산시 배방면 장재리에서의 기공식으로 출발하였다. 고속철도에 대한 논의는 1970년대로 거슬러 올라가는데 1973년에 프랑스 국철 조사단과 일본 해외철도기술협력회 조사단이 서울~부산 간 수송현황 및 타개책에 대한 조사를 통해 고속철도를 건설할 것을 건의하였다.

그 후 1980년 한국과학기술원(KIST) 지역개발연구소에서 전국적인 수송 체계 관련 연구를 통해 경부 축에 복선전철을 건설하거나 고속철도를 '대량화물 수송 체계 개선과 교통투자 최적화 방안 연구'에서 제안하였다

박정희 대통령은 1979년 2월 고속철도 관련 수송대책을 수립할 것을 지시하였고, 1982년에 제5차 경제사회발전계획에 서울~대전 간 고속철도 건설 계획을 포함했다. 1983년 이후 타당성 조사 결과 경제성이 있는 것으로 평가된 후 1987년 노태우 대통령이 경부고속철도 건설 계획을 대통령 공약으로 제시하였다.

당시의 기록을 보면 1970년대의 고도성장기를 지나며 교통 부문에서는 화물 수송능력 증대를 위해 기존 철도의 전철화를 추진해왔고, 지역 간 고속도로 확충, 국도의 포장에 주력했다. 그리고 1980년대에는 도시교통문제의 심화, 지역 간 철도의 고속화를 주요 과제로 설정하였다.[8] 세계은행은 이 두 가지 과제에 동의하고 차관 도입을 위한 연구를 발주하였다. 이것이 경부고속철도 경제성 연구를 미국의 루이스 버저(Louis Berger)와 국토연구원이 공동으로 수행한 1983년의 서울~부

---

8) 국가기록원 자료 및 철도학회 고속철도 개통 10주년 기념 토론회(2014년 5월 22일) 자료

산 간 경부고속철도 타당성 조사 연구이다. 당시 경부 축(서울~부산 교통축)의 교통 수요는 상당히 높은 수준으로 연평균 10% 이상 증가하고 있었다. 항공수요는 분담률이 높지 않았지만 빠르게 성장하고 있었으며, 자동차화에 따라 고속도로는 몇몇 구간은 이미 포화상태였다. 그리고 몇 년 내에 곧 포화될 것으로 예상하였으며 자동차 수요의 60% 이상이 화물차였다.

철도는 여객 수송 수요에 밀려 화물 수송 여력이 고갈되었다. 경부선이 유일한 1급선이었지만 속도를 높이려면 대폭적인 선형개량이 필요하고, 노후화하여 개량한다고 하여도 용량 증대에는 한계가 있었다.

경부 축은 세계에서 유례가 없을 정도로 교통 수요가 집중된 지역으로 일본의 동해도 축(도쿄~오사카)에 버금가는 수준이며, 파리~리옹 구간, 런던~에딘버러 구간보다 훨씬 높은 수요를 보여주고 있었다.

이 연구의 주안점은 고도 경제 성장의 견인차로서의 인프라 정책의 방향, 급속히 진행되는 자동차화의 추세에 대응하여 어떤 방향으로 철도정책을 정립하는가이며, 고속철도의 도입이 국가산업기술발전에 어떤 영향을 미칠 것인가였다. 2년여에 걸린 연구의 결과는 긍정적인 측면이 발견되어 경제성 분석도 충분하였다. 다만 당시 경제성 분석의 기초가 되는 시간가치나 통행비용 측면의 분석이 어려웠지만, 당시 교통 체계가 에너지 낭비적인 자동차 중심으로 급속히 이동하고 있었고, 기존의 경부선 철도는 용량 한계에 이르러 새로운 노선이 필요한 상황이었다. 그러나 당시 사업비의 규모가 우리 경제 규모에 비해 상당히 높았고, 또 당시 우리나라의 외채 규모 역시 상당한 수준이라 이와 같은 대규모의 프로젝트를 추진할 형편이 되지 못하여 연구진과 교통부는 5년간의 준비 끝에 사업 추진을 결정하였다.

차종 선정과 관련해서는 교통개발연구원에 의뢰하여 만든 고속철도기술조사 및 기본설계를 바탕으로 1992년부터 6차에 걸친 조사 등을 통해 1994년 6월 14일

차량 등 핵심기자재 도입계약이 한국고속철도공단과 한국TGV 컨소시엄 사이에 체결되었다. 고속철도는 건설 과정과 차량 도입과정 그리고 한국형 고속철도 기술개발 등 발전을 거듭해 왔다.

고속철도 도입은 초기 서울과 천안, 대전, 대구, 경주, 부산 등의 각 역에 국한된 건축뿐만이 아니라 역 주위의 도시공간과 국토 공간의 이용까지도 영향을 미쳤다. 속도의 확대와 더불어 다가온 생활권의 확대는 역과 주변의 가치도 극대화하였다고 볼 수 있다.

이에 고속철도시대를 열게 될 역에 대한 설계가 1995년 이후 진행되었으며, 1단계로 2004년 4월 1일 서울역~동대구역 구간을 개통하여 서울역과 대전역, 동대구역이 기존 철도 역사에 고속철도차량이 정차 가능한 형태로 플랫폼의 개량 및 증설이 이루어졌다. 2010년 11월 1일 2단계 구간으로 동대구역~부산역 간이 개통되면서 오송역과 김천(구미)역, 신경주역 등이 새로 건축되었다. 철도가 시속 300km로 운영되어 자동차와 비교해 속도와 대량 수송, 안전성, 환경과 에너지 면에서 확실한 우위를 점하게 되어 산업혁명 이후 철도는 새로운 전기를 맞이하게 되었다. 고속철도 개통으로 도시는 다시 한번 새로운 변화를 겪게 되었다.

세계 다섯 번째로 고속철도 개통(2004년 4월 1일, 자료 : 한국철도공사)

3) 고속철도의 영향력

고속철도 개통은 지역 발전에 큰 변화를 가져왔다. 특히 고속철도의 영향력은 정차역뿐만 아니라 이용객이 승하차 가능한 영향권의 범위가 매우 크다고 하겠다.[9]

서울역의 영향권은 행정구역상 서울시 전역과 경기도, 인천광역시 일부 지역을 포함하는 수도권 전역으로, 역을 중심으로 약 70km 내외의 지역이 되고 있다.

광명역의 영향권은 광명시와 안양시, 부천시 등 경기 남부 지역과 서울의 자치구로 구성된다. 약 20km 떨어진 곳에 서울역과 용산역이 있지만, 경기 북부와 서울 등에서도 광명역으로 KTX 탑승을 위해 이동하고 있다. 이용자 분포는 14.5%가 안양시에서 접근하고, 광명시에서는 11.9%, 서울의 금천구에서 7.5%가 이용하고 있다.

천안아산역의 영향권은 남서쪽으로는 서산시와 홍성군, 보령시, 북쪽으로는 수원시와 용인시를 포함하는 50~70km로 나타나고 있다. 천안아산역의 이용자는 48.3%가 천안시, 29.4%가 아산시에서 접근하고 있다.

오송역의 영향권은 단양군과 제천시를 포함하여 동북쪽으로 70km, 남쪽으로는 공주시와 대전시 일부를 포함한 30~50km로 나타나고 있다. 이용자의 대부분이 역을 중심으로 반경 30km 내외의 지역에서 접근하며 청주시와 세종시에 집중되어 있다. 청주시에서 이용하는 비율이 57.1%, 세종시에서 이용하는 비율이 25.3%이다.

대전역의 영향권은 북서쪽 반경 50~70km 지역으로 대전시와 계룡시, 공주시, 군산시 등을 포함하고 있다. 전체 이용객의 60.7%가 대전시에서 접근하고 있다.

동대구역의 영향권은 북서쪽으로는 김천시와 구미시까지 포함하며, 남동쪽으로

....
9) 한국교통연구원(2015), 'KTX 이용특성 및 영향권 분석조사 분석', pp.120~227

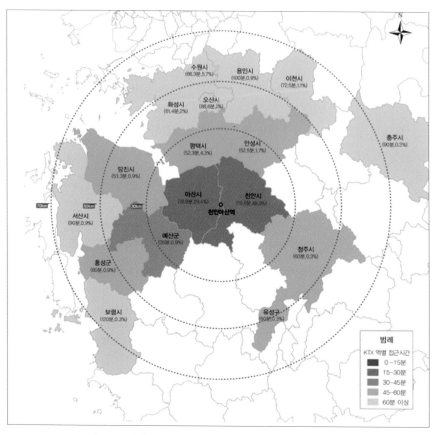

〈지도 8〉 고속철도 영향권(천안아산역 50~70km, 한국교통연구원 자료)

는 경산시와 경주시를 포함하는 70km 내외의 지역이다. 89.8%의 이용자가 대구시에서 접근하며, 특히 수성구와 동구, 북구의 이용객이 56.1%로 과반수를 차지하고 있다.

부산역의 영향권은 부산시를 비롯하여 서쪽으로는 창원시, 북쪽으로는 양산시를 포함하여 30~50km 지점으로 나타나고 있다. 이용자의 97.5%가 부산시에서 접근하며, 특히 해운대구와 부산진구, 중구 등에서 이용객들이 주로 접근하는 것으로 조사되었다.

고속철도와 함께 광역철도의 경우도 지역을 변화시키고 있다. 2000년대 접어들면서 경의 · 경춘선 복선전철과 인천공항철도, 분당선 연장, 신분당선, 서울도시철도 7호선 연장선 등이 개통되어 수도권 지역의 발전에 크게 기여하고 있다.

2. 서울

여기서는 근대도시의 성격을 가지고 철도의 영향이 매우 큰 도시와 내륙 교통으로 수운이 쇠퇴한 도시 그리고 철도의 기능을 새롭게 해석한 역을 선정하여 이를 설명해 보고자 한다.

철도를 통해 지역과 주변이 크게 변화한 주요 역으로는 고속철도가 정차하는 서울과 부산, 대구, 대전을 선정하였고, 철도가 만든 도시라고 할 수 있는 익산과 장항, 북한의 신의주 그리고 철도 개통으로 쇠퇴한 강경, 새로운 문화역으로 자리 잡은 황간역을 분석하였다.

우리나라 철도는 고속철도로 전국이 일일생활권이 되었고, 수도권 고속철도인 GTX가 추진되고 있다. 2019년에는 국제철도협력기구(OSJD) 회의도 개최되어 향후 우리나라도 대륙철도를 달리는 꿈을 실현해 나가고 있다.

서울역의 시작은 경인철도로부터 시작되었다. 미국인 모스로부터 경인선 부설권을 넘겨받은 경인철도인수조합은 1899년 4월 4개 공구로 쪼개어 공사를 시작했다. 인천~노량진 구간을 우선 완공해 1899년 9월 18일에 영업을 시작했고, 한강철교 준공 후 1900년 7월 8일 경성~인천 간 전 구간이 개통되었다.

경인선이 개통되자 12시간 걸리던 서울~인천은 1시간대로 단축됐다. 가히 교통 혁명이었다. 경인철도의 역은 초기에는 경성역(서대문역), 남대문역, 용산역,

한강 철도건설

노량진역, 영등포역, 오류동역, 소사역, 부평역, 우각동역, 축현역, 인천역 등 11
개였다.

〈그림 8〉 초기 경성역의 모습

초기 남대문역(훗날 경성역 → 서울역)

　서대문역의 경우는 1919년 폐역이 되었지만, 그 역사를 보면 매우 흥미롭다. 경인선 개통 시 경성역으로 1900년 7월 8일 역사 업무가 시작되었다. 1905년 1월 1일부터는 경부선 시·종착역이 되었다.

　그해 3월 27일 경성역에서 서대문역으로 개명되었다. 따라서 1905년 경성역이 서대문역이 된 이후 남대문역이 경성역이 된 1923년까지 약 18년 동안 우리나라에 경성역이라는 이름은 존재하지 않았다.

　1919년 3월 말 서대문역이 폐지되고 남대문역을 경부선의 기점으로 하였다. 또한 경의 본선의 일부를 개량하여 경성 서부의 아현터널 등이 준공되고 1920년 11월 수색~남대문 구간이 직통으로 연결되어 남대문역이 경의선의 기점이 되면서 우리나라 간선의 기점역으로 자리 잡았다. 1922년 7월경부터 경성역(구 남대문역) 신축에 착수하여 경성역은 1925년 10월 15일부터 신역에서 영업 개시하였다.

　건축의 경우에도 철도역은 큰 영향을 미쳤는데, 경성역(서울역)의 경우는 르네

신축 중인 경성역(1925년 10월 15일 영업 개시)

상스 혹은 절충식으로 불려 새로운 건축양식으로 소개되었다. 비록 일본인에 의해 지어진 건축물이지만 우리나라의 건축양식에 영향을 끼쳤다. 건축가는 쓰카모토 야스시였고, 시공은 시미즈건설, 건립 주체는 남만주철도주식회사였다.

경성역은 여러 가지 면에서 우리나라 철도역의 효시였다. 승강기, 증기난방 등의 근대적인 설비를 완비하였으며, 당시는 기능적으로도 신식으로 중앙역에 걸맞은 당당한 위용을 갖추게 되었다.

경성역은 국내뿐만 아니라 국제열차가 수시로 왕래하여 국제 여객 수송에도 기여하였다. 1942년 10월 1일 현재 조선·만주·중국 직통 여객열차의 1일 운전 횟수를 보면 부산~북경 구간 2 왕복, 부산~하얼빈 구간 1 왕복, 부산~신경 구간 1 왕복, 부산~봉천 구간 1 왕복, 경성~목단강 구간 2 왕복으로 경성역을 경유하였다.

개업 직후 여객수도 별로 많지 않았기 때문에 역 구내에서의 여객유도장치 설치의 필요성도 별로 없었다.

그러나 그 후 매년 증가하는 여객을 질서 있게 유도하기 위해 이 장치의 필요성이 점차 높아졌다. 1925년 7월에 조선철도에서는 처음으로 서울역의 맞이방(대합실) 및 여객용 승강장에 확성장치를 설비하여 여객의 정리 유도용으로 사용한 결과 여객으로부터도 호평을 얻어 양호한 실적을 올렸기 때문에 이후 급속하게 주요 역 구내에 설치되었다. 특히 중일전쟁 이후에는 등화관제 실시 시의 여객 유도와 더불어 관제 하의 역 구내 입환 작업의 능률 저하 방지라는 새로운 목적을 위해 역뿐만 아니라 조차장 구내에도 설치되었다. 설치를 시작한 지 불과 십수 년 후인 1939년도 말에는 설비 수가 53대가 되고 확성기 수도 200대를 넘었다.

역 구내 조명으로는 1932년에 경성역 구내의 남북으로 30m 철탑 2기를 건설하여 여기에 일광등 각 5개를 설비하고 동시에 용산역 구내에도 같은 철탑 1기를 건설하여 일광등 5개를 시설하였다.

한편 경성역의 경우는 지역 간 철도뿐만 아니라 우리나라 도시 교통사에도 크게 기여하였다.

1899년 개통된 전차는 초기 경성역인 서대문역 인근인 서대문에서 청량리 간의 운행으로 대중교통으로서 첫발을 내디뎠다. 전차는 계층을 초월한 운송기관으로 시민들의 필요로 노선 연장과 복선화가 지속적으로 이루어졌으며, 전차 수도 증가하여 대중교통으로서의 위치를 확고히 하였다.

노선의 신설은 성곽의 파괴로 이어졌고, 성 밖까지 연결되는 전차노선은 서울의 공간구조를 변화시켰다.

시내 대중교통수단으로 시민들의 환영을 받아 노선을 증설해야 했던 전차는 조선 시대 500여 년 동안 지속되어 오던 서울의 모습을 크게 변모시켰으며, 전차노선의 부설은 성문 개폐 및 인정과 파루까지도 폐지하게 하였다. 남대문에서 구 용산, 서대문에서 마포까지의 전차노선의 연장은 새로운 주거지 및 시가지 확장을

차고지의 전차들(1968년 11월 29일 동대문 밖, 이혜은 교수 제공)

가져왔고, 이는 서울의 수평적 공간 확장에 박차를 가하게 하였다.

또한 서울이 확대되면서 경성역은 광역교통의 중심 역할을 수행하였다. 1929년 이후에는 용산~서강~당인리 간 및 서강~신촌 간 용산선에 열차 운전이 시작되었다. 또한 1940년도에는 용산~서강 간(4.3km) 및 서강~성산천신호소(수색조차장

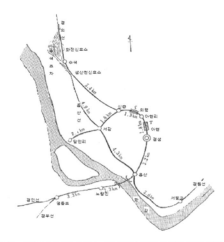

〈지도 9〉 서울 서부지역 철도 노선도(경성 외곽 순환선 포함, 1940년경)

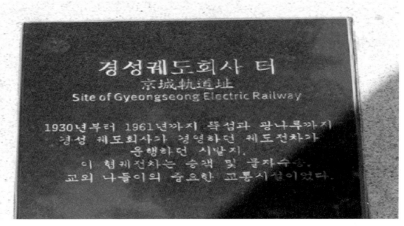

경성궤도(1930년~1961년)

내) 간 복선과 서강~신촌 간(1.6km) 선로 개량공사에 착수하였다.

이에 따라 직통 화물열차는 경부선 용산역에서 경성역을 통과하지 않고 직접 경의선 수색조차장으로 직결되는 한편, 용산역부터는 서강~당인리~신촌 또는 서강~신촌을 거쳐 경성으로 통하는 도시 환상선 운전을 개시하게 되어 도시 주변 교통은 한층 편리해졌다.

아울러 경성역을 기점으로 경의선, 경부선이 통과하였고, 이를 통해 국제열차가 운행되었으며, 경춘선과 경성궤도 등 수도권의 거점 교통 역으로 중요한 역할을 하였다. 〈표 28〉을 보면 경춘선, 경성궤도 등도 경성역(전차 역명은 경성역앞) 전차로 연계되어 이동공간을 확대시켰다.

〈표 28〉 근대 경성역과 연계 철도교통

	전차	지역 간 철도
서울 동쪽	동대문역	경춘선(성동역), 경성궤도(동대문)
서울 서쪽	서대문역	경인선(서대문역), 경부선(서대문역)
서울 북쪽	용산역	경의선, 경원선

서울역 근처

경성역이 서울역이라는 지금의 이름으로 바뀐 것은 광복 이후인 1947년 11월 1일이다. 서울역의 새로운 변화는 2004년 고속철도의 개통과 함께 찾아왔다. 2005년 서울역의 고속철도 이용객은 1,200만 명에서 2017년에 2배인 2,400만 명 이상으로 증가하였다. 이제 서울역은 고속철도의 거점 역으로 중심에 있다.

〈표 29〉 철도역 1일 이용객 추이(고속철도 + 일반철도)

(단위 : 명 / 일 평균)

역별	연도별	2005	2010	2015	2016	2017	2018	2019	2020	2021
	합계	630,087	614,209	742,593	740,186	701,904	738,685	764,164	465,131	463,464
1	서울	78,602	78,238	96,511	96,243	82,478	92,870	101,865	59,521	58,164
2	동대구	48,305	48,440	52,819	53,017	50,111	51,430	53,053	30,432	33,376
3	대전	35,646	41,592	46,937	46,745	42,538	43,003	44,583	26,676	26,812
4	용산	21,980	22,403	30,253	34,953	39,395	38,904	37,756	22,899	22,292
5	수원	22,096	29,246	37,073	36,063	33,683	34,883	36,960	22,805	21,314
6	부산	46,949	40,984	51,442	51,067	42,830	42,282	42,781	22,291	20,620
7	광명	9,868	15,977	21,623	23,199	22,803	25,849	27,566	18,041	18,050
8	영등포	25,107	25,573	27,536	26,269	24,606	24,860	25,944	16,343	14,752

연도별\n역별		2005	2010	2015	2016	2017	2018	2019	2020	2021
9	오송	–	2,418	11,366	13,580	14,496	16,412	18,503	13,009	13,808
10	천안아산	6,298	11,795	18,659	18,136	17,006	18,087	19,364	12,586	13,420

자료 철도공사

1일 승하차 인원도 2021년 기준으로 서울역은 58,164명으로 가장 많은 여객이 이용하고 있다. KTX의 이용객도 서울역 1일 평균 이용객은 2019년에 78,774명 으로 가장 많고, 코로나의 영향으로 2021년에 45,372명으로 감소하였지만, 우리 나라에서 가장 많은 승객을 취급하고 있는 역이다.

〈표 30〉 KTX 역별 1일 이용객 순위(2019~2021년)

(단위 : 명 / 일 평균)

역별	연도별	2019	2020	2021
	합계	362,161	219,566	224,446
1	서울	78,774	45,711	45,372
2	동대구	34,779	19,647	21,748
3	광명	27,564	18,041	18,050
4	대전	28,164	16,771	17,285
5	용산	25,762	15,986	16,138
6	부산	32,801	16,836	15,659
7	천안아산	19,364	12,586	13,420
8	오송	17,318	12,217	12,930
9	광주송정	12,194	7,500	7,667
10	울산	11,733	6,868	6,484
11	익산	8,123	4,991	5,127
12	포항	6,492	4,339	4,722
13	전주	5,108	3,407	3,774
14	김천구미	5,069	3,388	3,633
15	행신	4,290	2,908	3,172

역별	연도별	2019	2020	2021
16	목포	4,213	2,820	2,904
17	창원중앙	4,467	2,856	2,836
18	순천	3,966	2,650	2,629
19	수원	3,686	2,301	2,579
20	신경주	3,753	2,106	2,539

이제 서울역은 수도권 고속철도를 통해 더욱 발전할 것이다. GTX 노선 중 가장 빠르게 진행되는 A노선은 지하 50m 깊이에서 최고 속도 시속 200km로 2023년 말에 개통될 예정이다. 완공 시 일산~서울역 14분, 동탄~삼성 20분이 소요되어 우리 삶을 완전히 바꾸어 놓을 것이다.

그동안 서울역은 우리나라 철도교통의 거점 역으로 발전을 거듭해 왔다. 향후 서울역은 지리적인 위치와 경제적인 위상, 향후 한반도 철도망 계획에서도 그 위상이 더욱 확대 강화될 것이다.

3. 부산

우리나라의 도시발전은 교통망과 깊은 관련이 있다. 조선 시대엔 수운을 중심으로 인구가 밀집하고 이를 통해 이동이 빈번하였고, 근대에 들어서는 개항으로 그리고 철도가 개설됨에 따라 내륙 교통이 발달하면서 근대적인 의미의 도시가 형성되었다.

이번에는 개항과 함께 도시가 형성되었고 철도 개통으로 크게 성장한 부산을 소개해 보고자 한다.

지리적으로 부산이 인접한 낙동강은 저산성 산지를 경계로 배후에 넓은 평야가 펼쳐져 있으며, 이 계곡은 한반도 교통의 요지이다. 부산은 한반도의 돌출 부분에 위치해 좁은 강을 끼고 이어지며, 후방 가까운 곳에는 중요 교통로가 되는 낙동강 계곡이 위치한다. 이러한 위치상의 특징은 부산이 조선 내 교통의 요충지, 한반도 제일의 무역항, 더욱이 동아시아의 관문으로서의 중요한 위치를 차지하게 된 요인이 되었다.

근대 교통요지인 부산은 1930년대에 이미 국제적인 도시로 자리매김하고 있었다.

부산과 시모노세키 간에는 오전과 오후 두 차례의 철도 연락선이 왕복하고 내륙

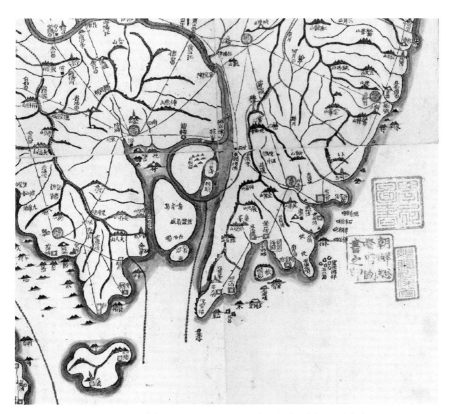

〈지도 10〉 조선 시대의 부산(대동여지도 1861년 제작, 서울대학교 규장각 제공)

의 경부선은 부산을 기점으로 경성(京城, 서울), 봉천(奉天, 지금의 심양)에 직통열차가 운행하였다. 하코다테(函館), 기륭(基隆), 홋카이도(北海道), 대만(臺灣)으로 가는 관문으로서 여객 왕래, 화물 집산의 요지이며 유럽과 아시아 연락의 국제열차를 운행함으로써 세계 교통의 대관문으로서 손색없는 자연적인 위치 조건과 설비를 갖추고 있었다.

부산이란 지명은 원래 15세기 전반까지 부산포(富山浦)라 하였으나, 15세기 후반에 이르러 부산포(釜山浦)라는 이름을 갖게 되었다. 부산포는 원래 독립된 지방 행정 단위의 군이나 현이 되지 못하고 동래도호부(東萊都護府)의 관할 아래에 있었다. 동래는 오랫동안 현으로 내려오다가 명종 2년(1547년) 도호부로 승격되었다. 동래도호부 관내의 역으로는 휴산역과 소산역이 있었다. 조선 시대 부산(동래)은 나라의 관문이었기 때문에 국방상 요충지였다. 금정산성은 그 규모로 볼 때 국내 최대의 산성이며, 국방시설도 발달하여 지금의 수영에는 경상좌도 수군절도사 영이, 부산진에는 부산진영이 설치되어 있었다.

1) 근대 부산의 교통

우리나라는 강을 이용한 수운이 발달하였는데, 수운과 관련한 도시는 한강으로는 춘천과 원주, 충주, 청주, 금강으로는 공주와 강경, 영산강은 영광과 나주, 낙동강은 대구와 진주 등이었다. 부산은 낙동강과 깊은 연관이 있는데, 항로는 구포~삼랑진~현풍~사문진~왜관 및 신촌(상주군)~달지진 및 마전(예천군)~양호진(안동)까지 연결되어 우리나라의 관문인 부산포에서부터 경북의 최북단까지 담당하였다.[10]

....

10) 고동환(2015), 《한국 전근대 교통사》, 들녘, pp.272~274

낙동강 연안의 김해와 창원, 밀양 등에서 지류별로 조세미를 집하(集荷)한 뒤, 다시 뱃길을 이용하여 상류로 거슬러 올라 성주까지 옮겼다. 당시 낙동강의 주요 나루는 아래로부터 김해의 강창포(감동포), 양산의 동원진, 밀양의 수산진, 의령의 정암진, 창녕의 우산진, 현풍의 답곡진, 대구의 사문진, 성주의 동안진, 상주의 회촌진, 용궁의 하풍진(삼강), 안동의 대항진 등이었다. 성주에 모인 조세미는 다시 육로를 이용하여 충주의 경원창(慶源倉)에 이르고, 또다시 배편으로 남한강 수로를 따라 서울로 수송하였다.

1905년 경부선 철도가 개통되기 이전에 대부분 화물 운송은 낙동강 수운이 담당하였다. 경부선 개통 이후에도 어느 정도 수운의 역할이 있었으며, 일부 지역 토산물 등은 수운으로 하단포와 구포로 옮겨진 후 철도를 통해 소비지로 운송되는 경우도 많았다. 또한 부산항으로 수입된 외국 상품이나 수산물 등은 하단포와 구포에 집결된 다음 수운으로 경상도까지 운반되었다.

낙동강 수운을 통해 지역 특산품인 소금이 많이 운반되었다. 이 길은 영남 지방에서 가장 오래된 소금길이었다. 고대에서부터 구한말 경부선 철도가 개통되기 전까지 소금은 전적으로 낙동강을 통하여 조달되었다. 낙동강 하구에 자리한 명지(鳴旨)와 녹산(菉山)의 바닷가에 있던 염좌(鹽座)에서 생산된 소금이나 해산물(건어물, 새우젓 등)이 구포의 남창(南倉)

〈지도 11〉 부산과 낙동강 수운
(대동여지도 1861년 제작, 서울대학교 규장각 제공)

나루터에 모였다가 상류로 거슬러 오르면서, 삼랑진의 뒷기미 나루터를 거쳐 수산과 남지, 박진으로, 더 위로는 밤마리(栗旨)와 현풍(玄風) 등지로, 또 상주의 낙동진과 안동까지 거슬러 올라가면서 소금과 해산물을 팔았고, 현지에서는 나락, 보리, 콩, 팥, 기장, 조 등의 농산물을 싣고 내려왔다.

조선 시대의 인구는 이러한 지리적인 특성과 관련이 있는데, 말기인 1789년의 인구를 보면 다음과 같다. 서울이 189,153명(경기도), 평양 107,590명(평안도), 의주 89,970명(평안도), 충주 87,731명(충청도), 전주 72,505명(전라도), 경주 71,956명(경상도), 함흥 71,182명(함경도), 상주 70,497명(경상도), 진주 69,495명(경상도), 길주 65,202명(함경도), 해주 63,472명(황해도), 대구 61,477명(경상도), 양주 60,425명(경기도), 강계 60,419명(평안도), 성천 58,956명(평안도), 나주 57,783명(전라도), 수원 57,560명(경기도), 영흥 57,560명(함경도), 성주 53,365명(경상도), 황주 54,061명(황해도), 홍주(홍성) 52,761명(충청도) 순이었다. 이 중에서 수운과 관련된 도시는 서울과 평양, 의주, 진주, 충주, 나주 등이었다.

2) 개항

부산의 발전은 개항과 밀접한 관련이 있다. 일본은 1875년 5척의 군함으로 부산항에서 무력시위를 전개한 데 이어 강화도에도 운양호사건을 도발하고, 1876년 일본 정부는 소위 운양호 포격 사건에 대한 책임을 묻는다는 구실로 군함 7척을 강화도에 보내어 조약 체결을 강요하여 1876년 2월 강화도조약이 체결되었다.

조약은 전문 12개 조항으로, "조선은 20개월 이내에 부산항 이외에 2개 항을 개항하고 일본 상인 활동을 보장하고, 일본은 조선이 지정한 항구에 영사를 파견하여 주재시키고 일본인의 범죄 행위에 대하여는 일본 영사가 처리한다."라는 등 불

부산포(1885년, 고신대학 이상규 석좌교수 제공)

평등 내용이었다. 이어서 '병자수호조약부록', '조일무역장정규칙'이 강제적으로 체결되었다.

한편 일본은 일본인 보호를 위한다는 구실로 외무성 관리를 관리관으로 파견하였고, 관리관과 동래부사 사이에 부산 일본인 거류지 설정 문제의 회담이 진행되어 1877년 1월 30일(양력) 부산구조계조약(釜山口租界條約) 체결로 일본인의 내왕과 통상, 토지임차권, 가옥 건축권 등의 확보로 점차 부산지방을 잠식하여 침략의 기반을 구축하였다.

부산에 일본 이사청의 설치로 영사관은 물론 감리제도가 폐지되고 일본 전관거류지가 초량왜관이 있었던 용두산 일대 330,000m² 면적으로 설치되었다.

일본 정부는 대륙 침략의 전초기지로 부산항 매축과 토목, 철도, 도로공사 등에도 주력하였다. 먼저 매축 및 부두 공사 시설을 시작, 오늘날 중앙동 부근 바다의 매축(바다를 메움)을 1902년 7월 착공하여 1905년 12월 준공하였고, 1902년 7월부터 1909년 8월까지 1, 2기에 걸쳐 136,534.2m²를 매축하였다. 이외에 초량과 부산진 앞바다 1,221,000m²도 매축히였다.

부산항 개항과 일본인 조계지 설치 이후 외국과의 항로가 개설되고 발전하기 시작하였다. 대표적인 것이 오사카상선과 조선우선으로 일본과 우리나라, 대륙을 연결하는 항로가 개설되었다. 이 중심에는 부산이 있었고, 부산은 이를 통해 급격하게 발전하는 계기가 되었다.

1931년 우리나라와 일본 간의 조선우선의 정기항로 현황을 보면 부산과 일본 간의 정기항로는 16회로 우리나라 항구에서 가장 많은 항로를 보유하였다.

〈표 31〉 조선우선(朝鮮郵船)의 일본과 조선 간 정기항로(1931. 5.)

	조선 출발지	부산	원산	성진	청진	웅기	목포	군산	인천	진남포
일본 출발지	도쿄	4	1	1	1	1	3	3	3	1
	오사카	11	6	3	9	9	4	4	4	3
	쓰루가		2	2	2					
	가고시마	1					1	1	4	2

자료 朝鮮旅行案内社(1931), pp.128~130

부산과 시모노세키를 연락하는 관부연락선은 철도와 연계되어 철도국에서 운영하였는데 그 이용객도 급격하게 증가하였다. 1905년 이용객이 연간 35,000명에

관부연락선(景福丸, 국제일본문화연구센터 아카이브 제공)

서 1925년에 598,174명, 1940년에 2,198,113명이었다.

3) 해운과 수운(1912년 현재)

– 부산~시모노세키 항로

철도원 소속 고려환, 신라환(이상 각 3,107톤), 일지환, 대마환(이상 각 1,691톤)과 차입선 서경환(2,904톤)의 5척으로 매일 아침, 저녁 2회 정기 운항하면서 철도 연락 및 여객 화물의 수송을 담당했다.

– 부산~하카다 항로

대마운수회사의 경영으로, 기선 천진환(500톤)으로 한 달 6회 정기 운항했다. 화물 위주이며 여객은 대마도와 부산 간의 사람들이 많이 이용했다. 화물은 일본에서 석탄과 잡화, 부산에서는 미곡과 해산물이 출하됐다.

– 부산 경유 서선~일본 항로

이 항로는 오사카상선, 이케사키기선의 두 회사로 오사카상선은 천진환(831톤), 살마환(1,000톤), 수마환(1,560톤), 한성환(1,125톤)의 4척으로 매월 8회 오사카~인천 간을 운행하며, 연안으로 마산과 목포, 군산에 기항하였다. 또 안동환(1,803톤)과 성진환(1,244톤)은 나가사키를 기점으로 부산과 목포, 군산, 인천, 진남포에 기항하며 매월 4회 운항했다. 나가사키~대련 간의 운항을 위하여 이케사키기선회사는 대유환(661톤), 신대환(978톤), 군대환(660톤), 수길환(699톤)의 4척으로 매월 8회 운행했다.

– 부산 경유 북선~일본 간 항로

이 항로에 종사하는 회사는 일본우선, 오사카상선, 조선우선 및 가와사키 기선이다. 일본우선회사는 입신환(2,703톤)으로 고베와 블라디보스토크 간 3주 1회 운항하고, 오사카상선은 신궁환(3,002톤), 장주환(1,608톤)의 2척으로 매월 3회 오사카와 청진 간을 운항했다. 조선우선은 충청환(762톤), 강원환(762톤), 함경환(802톤), 황해환(803톤)의 4척으로 매월 4회 모지와 웅기 간을 운항했고, 가와사키기선은 금평환(1,979톤)으로 3주에 1회 오사카와 청진 간을 운항했다.

(2) 연안항로

부산항을 지점으로 조선 연안항로에 종사하는 것은 조선우선, 공동우선, 택산상회 등이 있었다. 조선우선은 북조선과 서선 각 항 간을 운항하고, 공동우선은 현익환(726톤), 창룡환(572톤)으로 부산과 청진 간을 운항하면서 전문적으로 명태 수송을 담당하고, 택산상회는 동해안 각 항구 및 부산과 마산 간을 운항하면서 여객과 화물 수송 그리고 이 항구를 중심으로 연안의 항구 간에서 화물 운송을 담당하였는데 부정기선이 많았다.

도로

부산의 육로교통기관은 철도 외 이 항구에서 부산진. 동래, 양산, 삼랑진, 대구 등으로 통하는 경성가도와 동래에서 분기하여 기장, 울산, 경주, 대구로 가는 길, 서쪽 대치 고개를 통하여 하단에 이르는 세 개 도로가 있으며, 기타는 부근에 산재한 어촌과 마을에 통하는 소로에 불과하다.

부산진에서 동래온천까지는 조선가스전기주식회사가 경영하는 경편철도가 있었다. 하단은 낙동강의 바다 쪽에 위치한 이름난 선착장으로 부산과 가깝고(육로 1리 29정), 대치 고개를 통하는 도로가 거의 완성되어 소와 말, 지게꾼에 의한 화물의 운반이 빈번하였다.

낙동강은 철도 개통 이전에는 경상남북도를 통하는 유일한 교통기관으로 그 시대에는 하단에 모이는 물자도 많으나, 철도 개통 후 화물의 대부분이 철도편을 이용하면서 낙동강 그리고 철도와 접촉하는 왜관, 낙동강, 구포 등에서 철도편에 접속되면서 하단의 집산물은 거의 없어졌다.

이전 하단 부근의 김해군 연안은 소금의 생산이 많아 뱃길로 상류 각지에 반출되는 수량은 연 2천만 근에 이르고, 이들 소금 운반선이 돌아오면서 곡식을 적재하여 하단에서 내리는 양이 적지 않아 이것을 다시 부산의 시장에 출하하였다.

하단~부산 간의 운송방법은 주로 범선 또는 육로로 소와 말 등에 의한 방법이 있었으며, 수운은 육로보다 수송능력이 크고 운임도 저렴하나 수로가 험악하고 위험이 수반되어 육로수송 안전의 확실성으로 점차 육운에 의한 것이 많아졌다.

하단에서 부산까지의 곡류 한 가마니에 대한 수륙 양편의 운송비를 비교하면 다음과 같다.

수운의 선임	6전 5리와 양육비 1전 8리, 계 8전 3리
육운의 선임	10전~11전

1913년 중 하단에 집산된 곡류는 53,600가마니로 전년과 비교하면 2만 가마니 정도가 줄었다. 당시 하단에는 일본인 약 150명, 조선인 약 700명이 거주하고 있었다.

(3) 철도와 수운의 비교

부산에서의 곡류 거래는 주된 상업으로 집산 경로는 철도편과 배편이 있으며 철도편에 의한 것은 경부 연선 남부에 국한되었으나, 해항 운임이 장거리 수송을 조장하면서 경부지방은 물론 호남과 경원·경의선 지방에서도 계속 집중되었고, 주(舟)운에 의한 것도 연안 교통의 발달에 따라 동서 연안에서도 부산항의 상권이 점차 확대되었다. 주요 출산지별로 표시하면 다음과 같다.

(가) 철도편

주요 출발지	부산과의 거리(마일)	1톤의 운임(원)	산지에서 출발지까지의 운반방법
구포	11	0.65	낙동강 유역에서 배편 및 소, 말 등
낙동강	32	1.58	위와 같음
진영	42	1.98	소ㆍ말 등 또는 지게
밀양	39	1.86	〃
경산	68	2.84	〃
대구	78	3.14	부근에서 철도편 또는 소, 말 등
왜관	95	365	낙동강 유역의 수운 또는 소, 말 등
김천	115	4.10	소ㆍ말 등과 지게
대전	171	5.22	부근에서 철도편 또는 소, 말 등

(나) 배편

주요 출발지	부산과의 거리(마일)	1톤의 운임(원)	산지에서 출발지까지의 운반방법
하단	3	0.78	택산상회 예선
마산	35	0.90	상동
통영	63	0.94	조선우선회사 예선
삼천포	90	1.80	기선편
진교	108	1.80	상동
선진	98	1.80	상동
목포	212	2.22	기선편
울산	35	1.44	〃
포항	89	2.34	〃
삼척	179	3.12	〃
강릉	212	3.24	〃
원산	298	3.52	〃

(1) 철도 개통과 도시의 발전

부산은 1876년 근대 국제항으로 개항과 함께 우리나라의 무역ㆍ상공업 중심지로서 발전하였다. 특히 1905년 경부선의 개통으로 인구는 급격하게 증가하였다. 1905년에 제1 부두가 축조되어 해운과 연결되었다. 당시 부산역은 초량역으로 영업을 개시하였고, 1908년 임시정거장을 마련하면서 부산역으로 역명을 바꾸었다.

부산잔교와 연락선(국제일본문화연구센터 아카이브 제공)

첫 번째 역사는 1910년 10월에 준공되었다.

1905년 경부선의 개통과 함께 부산은 크게 발달하였다. 경부선 개통으로 지역 간의 신속한 이동이 가능해져 공간구조도 크게 변모하였다. 당시 1894년 우리나라를 다녀간 영국 여성 지리학자 이사벨라 버드 비숍은 견문기에서 말을 타거나 걸어도 한 시간에 4.8km 이상은 갈 수 없어 당시 서울~부산 간에 약 14일이 소요되었다고 기록하고 있다.

경부선 개통 후 서울~부산이 약 14시간이면 이동할 수 있게 되었다. 또한 1905년 경부선, 1906년 경의선, 1914년 호남선과 경원선 개통 후 우리나라는 X자형의 종단철도망이 완성되어 국토 공간의 틀이 확립되었다. 또한 조선 시대까지 도로축인 서울~용인~충주~조령~문경~대구~밀양~부산과 철도 노선을 비교해 볼 때 철도는 충청북도를 지나지 않고 서쪽인 충청남도를 통과해서 그간 교통의 요충이었던 충주와 청주보다는 대전지역이 발전하기 시작하였다. 이후 철도망이 지나는 서울~대전~대구~부산 축이 우리나라 국토발전의 중심으로 자리 잡았고, 결국 이 노선을 따라 경부고속철도가 운행하게 된 것이다.

〈표 32〉 철도 개통 전후의 이동 시간(서울~부산)

구분	철도 개통 이전 교통망(도로)	철도 개통 이후 교통망(철도)
노선	서울~용인~충주~조령~문경~대구~밀양~부산	서울~수원~천안~대전~대구~밀양~부산
시간	14일 소요	14시간

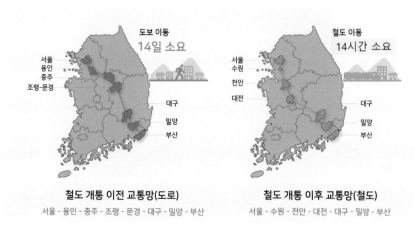

〈그림 9〉 철도 개통 전후의 이동시간(1905년 전후)

초기 부산역(1910년 준공, 일본 철도 팩토리얼 잡지 이마쓰 편집장 제공)

1934년의 어느 여행단의 조선과 만주여행 일정을 보면 당시 상황을 자세하게 알 수 있다. 여행단은 1934년 9월 13일에서 9월 30일까지를 기록하고 있다. 먼저 관부연락선으로 조선해협을 건넜는데, 9시간 30분이 소요되었다. 이후 아침에 도착하여 부산에서 출발, 당시 경성(서울)에 8시간 30분 만에 도착하였는데 평균 시속은 52km였다. 이 여행은 평양과 안동, 봉천, 하얼빈으로 당시 철도를 타고 관광하는 사람들이 꽤 있었음을 알 수 있다. 당시 운임 수준은 2등 기준으로 서울에서 부산 간 12엔 63전으로 싼 편은 아니었는데, 당시 철도종사원의 평균 월급은 약 50엔 정도로 4분의 1에 해당했던 것이다.

〈표 33〉 부산을 통한 일본과 중국 여행(1934. 9. 13.~9. 30.)

일시	여정	내용
1934. 9. 13.	시모노세키 집결 오후 출발(저녁 10시, 배)	관부연락선 (저녁 10시~아침 7시 30분, 9시간 30분 소요)
9. 14.	아침 7시 30분 부산항 도착 10시 40분 부산역 출발(철도) 대구~대전~용산 도착(오후 7시 10분 도착)	경부선 평균 시속 : 52km 경부선(부산~경성) : 8시간 30분 소요(450.5km) (운임 : 2등 12엔 63전) 경성 대동여관 숙박
9. 15.	서울 시내 관광 저녁 10시 25분 출발	경성~평양 : 6시간 40분 소요(260km) (운임 : 2등 4엔 30전)
9. 16.	오전 평양 6시 06분 도착 오후 2시 58분 평양 출발 오후 9시 안동 도착	평양~안동 : 6시간 소요(238.6km) (운임 : 2등 6엔 70전) 안동 숙박
9. 17.	안동 출발(안봉선) 저녁 출발	안동~봉천 : 8시간 15분 소요(275.8km)
9. 18.	아침 봉천 도착	봉천 숙박
9. 18.	봉천 저녁 10시 15분 봉천 출발	
9. 19.	산해관~금현~하얼빈	봉천~하얼빈 : 9시간 소요(546km) 산해관 숙박
9. 24.	하얼빈~신경(장춘)	하얼빈~신경 : 4시간 소요(242km) (운임 : 12엔 10전)
	신경~길림(경도선)	신경~길림 : 2시간 소요(127km) (운임 : 6엔 40전)

일시	여정	내용
9. 27.	신경 오전 출발~저녁 대련 도착	신경~대련 : 700.6km (11시간 30분 소요)
9. 29.	여순	
9. 30.	대련~모지(배)	20시간 소요

자료 ジャパン・ツーリスト・ビューロー, 《旅程と費用概算》(博文館, 1934년)을 참조해서 작성

〈그림 10〉 부산 · 만주 간의 승차권

이러한 교통 요충지인 부산은 급격하게 발전하였다. 부산의 인구를 보면 1915 년에 60,804명에서 1925년에 116,853명, 1944년에 329,215명으로 30년 사이에 약 5배 이상이 증가하였다.

〈표 34〉 철도 개통 후의 도시인구의 변화

(단위 : 명)

연도별 도시별	1915년	1925년	1935년	1944년
서울	241,085	342,626	444,098	988,537
부산	60,804	116,853	182,503	329,215
대구	32,740	76,534	107,414	206,638
인천	31,264	56,295	82,997	213,835

자료 조선총독부 통계연보 및 국제조사자료

1914년 4월 부제(府制)를 실시했을 당시 부산 인구는 20,000명을 조금 넘었으나, 시역(市域)의 확장과 항만의 발달로 1925년에는 116,853명으로 증가했다. 이

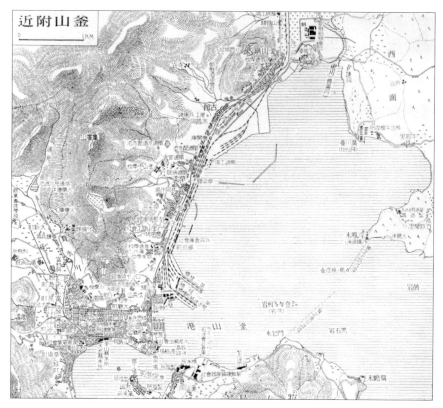

〈지도 12〉 부산 지도(1930년대)

후 일제의 대륙 침략을 위한 관문으로써 무역량이 증가하였고, 1936년과 1942년 시의 영역 확장으로 도시의 발달이 촉진됨에 따라 인구는 1944년에 329,215명이 나 되었다.

(5) 도시의 발전

일제강점기 일본은 식민정책을 강압적으로 실현하기 위하여 주요 사업을 집중 적으로 추진하였다. 특히 부산이 발전하면서 도시 내 이동을 위한 전차가 부설되 었다.

일본이 한국 정부로부터 특허를 얻어 경영한 부산궤도(주)선의 부산진~동래온천 간 9.9km의 증기철도는 실제 조선의 사설철도의 효시이며, 대한제국 시대 유일한 것이었다.

이 철도는 1909년 6월 20일 부산주재 오이케 주스케(大池忠助) 외 6명이 출원하여, 같은 달 29일자로 한국 내무대신으로부터 특허를 얻어 같은 해 8월 29일 부산궤도(주)의 설립등기를 마쳤다. 자본금 10만 엔으로 하고, 선로는 전용궤도를 부설하여 궤간 0.6m, 증기 동력, 26kg/m 레일을 사용하였다. 최급 기울기 40분의 1, 곡선반경 3쇄(鎖) 계획으로 회사 설립등기 후 곧바로 건설 공사에 착수하였다.

같은 해 11월 말일에는 부산진 성내에서 동래 남문까지 6.8km, 12월 18일에는 동래 남문에서 동래온천까지 3.21km 구간의 공사를 준공하여 12월 19일 10.0km의 운수 영업을 개시하였다. 1915년 10월 31일 부산진~초량선이 부설되었고, 부산~동래 간은 경편과 전차를 겸용할 수 있게 건설되어 1915년 11월 1일에 영업을 개시하였다. 시내선은 1916년 9월에 개통·운행되었다. 1917년 12월에는 우편국~중앙동~광복동~한전(현 충무동)선이 개통되었고, 9월에는 옛

부산진~동래 간 최초 사설철도 부산궤도주식회사 동래선(1909년)

부산역전~부산진 간의 복선화와 1925년 보수동~도청 앞~부용동, 1927년 10월 말에는 동래선을 온천장까지 연장하여 1928년 9월에 공설운동장까지 연장·개통되었다.

한편 1931년 10월 전차가 다닐 수 있는 궤도로 바뀌었고, 아울러 1934년 9월에는 토성동~공설운동장까지 복선이 개통되었다.

한국전쟁 후 부산 인구가 계속 늘어나고, 교통난이 심해지자 서면~운동장, 서면~온천장, 서면~충무동, 서면~영도 등 4개 방면으로 운행하였고, 1960년대 중반까지 1일 평균 12만 명의 승객을 수송함으로써 '시민의 발' 역할을 크게 담당하였다. 그러나 도시교통의 혼잡과 미관을 고려하여 1966년 1월 1일부터 운행이 중지되고, 1968년 5월 20일 전차 선로를 완전히 철거하여 지금은 볼 수 없게 되었다.

1949년 8월 부산시(釜山市) 개칭과 1950년 6월 한국전쟁이 발발하자 전국 각지에서 피란민이 몰려들고 임시수도가 되면서 인구는 급증하여 1951년 844,134명, 1955년 1,049,363명으로 100만 명을 돌파하였다.

광복 이후 1945년에는 281,160명으로 일본인이 물러감에 따라 일시적으로

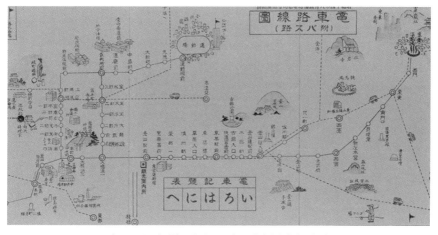

〈지도 13〉 부산 전차노선도(1939년, 부산광역시립박물관 제공)

줄어들기도 했다. 1963년 1월 정부 직할시(直轄市) 승격과 행정구역 확장으로 1963년의 인구는 1,360,630명으로 증가하였다. 또한 경제개발 5개년 계획의 추진으로 경제발전과 도시화가 촉진되면서 인구는 점차 급증하기 시작하여 1970년에는 1,842,259명, 1978년 행정구역 확장으로 김해 일부 지역이 편입되면서 2,879,570명으로 급격히 늘어났다.

1980년에는 3,159,766명으로 300만 명이 넘는 대도시로 성장하였다. 그러나 1990년에 3,798,113명(1990년까지는 상주 인구조사 기준)으로 인구 증가는 둔화되면서, 1992년 3,887,278명(1991년 이후는 주민등록인구 통계 기준)으로 전년도보다 0.1%가 감소하였다. 1995년 1월 광역시(廣域市) 개칭과 3월 행정구역 확장으로 양산군의 5개 읍·면이 편입되면서 인구는 3,892,972명으로 약간의 증가가 있었다. 이후 경제침체에 따른 영세기업의 역외 이전과 출산율 감소로 인구가

1980년대 부산역(한국철도공사 제공)

감소하기 시작하였다.

이후 부산 인구는 계속 줄어들고 있는데, 2019년 12월 기준으로 총인구는 3,466,563명(전년 대비 27,456명 감소)이고, 성별 구성은 남성 49.2%, 여성 50.8%이다.

최근 부산 지역의 변화는 역 중심의 원도심에서 북구, 사상구, 사하구, 강서구의 서부산권과 센텀시티 주변의 동부산권으로 발전 축이 이동하였고, 신도시인 서면의 상업 기능과 연산의 행정기능 등이 원도심의 기능을 보완하고 있다.

(6) 부산의 미래와 맺는말

부산은 항만과 철도가 부설되어 발전하기 시작한 우리나라 제2의 도시로 해양수도, 동북아의 물류거점, 유라시아 철도의 출발지로서 그 역할이 기대되고 있다.

부산역(2008년)

역사적으로 부산은 수운과 항만을 시작으로 발전하기 시작하였고, 내륙 교통인 철도가 부설되면서 우리나라 두 번째 규모의 국제적인 도시로 성장하였다. 내륙 교통이 경부선과 경전선, 동해남부선으로 연결되고, 고속철도가 개통되면서 전국에서도 편리한 이동으로 지역이 더욱 성장하고 있다. 향후 부산의 지리적인 위치를 통하여 동북아는 물론 유라시아와 연결되는 거점도시로서 그 기능이 더욱 기대되고 있다.

4. 대전

1) 들어가며

대전은 철도에 의해 만들어진 도시이다. 철도가 부설되면서 대전역 주변이 발전되기 시작했으며, 그로 인해 대전은 점차 내륙의 중심지역으로 자리 잡는 계기가 되었다. 대전의 발전은 철도역을 중심으로 이루어졌으며, 충남도청이 공주에서 대전으로 이전되면서 대전의 발전은 지역적으로 동서 방향으로 더욱 확장되었고 서대전역이 만들어졌다.

그 후 한국전쟁으로 큰 피해를 보았지만, 대전은 성장을 거듭하였고, 특히 고속철도의 개통으로 전국의 거점 철도 도시로서 화려하게 부활하였다.

그동안의 철도 부설과 지역의 관계는 조선 시대 도로와 수운 이후 철도가 부설되면서 변화에 관한 연구들이 많이 진행되었다. 철도와 지역의 발전 관계에서는 기존 도시의 경우는 상호 영향 관계가 많았지만, 신흥도시의 경우는 철도의 영향력이 컸다는 것이 일반적인 해석이다. 우리나라의 경우 철도가 부설되어 발전한 도시로는 대전과 익산, 신의주, 조치원 등을 들 수 있다.

이번에는 철도가 만든 도시 대전의 발전을 조명해 보고자 한다.

2) 철도 개통 이전의 대전

조선 시대의 대전과 관련된 도로를 보면 1462년에 역제를 개편하는 과정에서 죽산과 진천을 거쳐 율봉도는 율봉역(청주)과 쌍수역(청주), 저산역, 장양역(진천), 태랑역(진천), 시화역, 증약역(曾若驛, 옥천), 가화역(嘉禾驛, 옥천), 토파역(土破驛, 옥천), 순양역(順陽驛), 화인역(化仁驛), 전민역(田民驛), 덕류역, 회동역(영동), 신흥역(新興驛, 황간), 사림역(舍林驛), 원암역(原巖驛) 등 17개 속역을 관할하게 되었다.

근대도시 대전의 형성, 내륙중심 도시 대전에서 우리가 기억해야 하는 것은 수운과의 관계이다. 충청도 지역은 금강의 수계에 속해 군산에서 강경, 부강까지 수운이 운행하여 강경이 일찍이 발달하였다. 그 후 철도가 개통되어 대전과 익산 등 철도 도시 등이 성장하게 되었다.

3) 철도 개통과 대전[11]

(1) 철도의 위상

대전은 1905년 경부선 개통과 함께 도시가 형성되었는데, 일본이 경부선 철도를 계획할 당시 대전은 넓은 밭이라는 의미의 '한밭'으로 불리었고, 사람도 얼마 살지 않는 지역이었다.

1904년경 당시의 자료를 보면 이 정거장 소재지 주변에는 일본인의 가가옥(假

---

11) 이 책은 저자가 이미 작성한 자료를 참고하여 작성되었음을 밝혀둔다. 자료수집에 이토(우송정보대) 교수, 정병현(우송대학교) 교수의 협조가 있었다.

家屋)이 겨우 한두 가구밖에 없었으며[12] 철도를 부설하기 위한 일본인 기술자 188명이 거주하였다.[13]

대전역의 변화는 당시 자료에서 확인할 수 있다.[14] 1898년 경부철도 부설권을 얻은 일본이 노선 예정지의 실측을 끝내고 3개의 노선안을 내놓았을 때 불과 수십 호의 농가가 오밀조밀 모여 있던 한밭골은 어떤 노선안에도 끼지 못했다.

이후 경부선이 수원과 천안, 조치원, 부강, 대전, 옥천, 영동으로 결정되었고, 허허벌판이었던 대전은 점차 교통의 요충지로 자리매김하였다.

이어 호남선이 부설될 때도 대전은 경부선 때와 같은 행운을 얻을 수 있었다. 호남선 계획은 조치원을 기점으로 공주~논산~이리로 결정되어 측량까지 끝났으나, 역사 공사 기간과 경비를 최소화하려던 일본은 금강을 건너기 위해 철교를 부설해야 하는 난관에 부딪혔다. 이후 기점을 대전으로 변경시켰고, 경부, 호남 두 개의 주요 철로가 지나게 되어 대전은 하루아침에 신흥도시로 변모하였다.

초기 대전정거장 주변의 모습
(출처 : 국제일본문화연구센터 아카이브자료)
(https://kutsukake.nichibun.ac.jp/CHO/index.html?word=大田)

....

12) 統監府鐵道管理局(1908),《韓國鐵道線路案內》, p.44

13) 田中麗水(1917),《大田発展誌》, 2000년, 경인문화사, p.8

14) 〈경향신문〉, 1974년 12월 21일 4면

철도공사장에 모여들었던 일본인들은 노역장에서 받은 월급으로 지금의 중동, 정동, 원동 일대의 논밭을 헐값에 사들여 일본인촌을 만들었고, 이와 함께 새로운 풍물이 철길을 따라 '보수의 땅' 충청도 한복판에 밀려들게 된 것이다.

대전은 계속하여 철도의 위상이 강화되었는데, 전국 9개 철도사무소 중의 하나가 자리 잡은 것이다. 전국의 주요 철도 거점의 사무소 위치는 서울(경성)과 대전, 안동, 순천, 평양, 해주, 강계, 원산, 성진이었다. 대전철도사무소의 관할은 경부선과 경북선, 호남선, 군산선, 전라선 일부까지 담당하였고, 이는 김천, 이리, 정읍까지 포함하는 영역이었다.

대전이 관할하는 철도 관련 인원은 1944년 말 현재 3,556명이었다. 직종별로 보면 대전역에 461명이 근무하였다. 열차구 285명, 검차구 302명, 기관구 1,801명, 보선구 459명, 전기구 157명, 건축구 91명이었다.

대전은 경부선뿐만 아니라 호남선의 개통으로 영남과 호남을 연결하는 중심지역으로 자리매김하였다. 열차 운행 기록을 보면 개통 당시 대전~목포 구간의 직통 여객열차와 혼합열차 각 1 왕복 외에 대전~이리, 송정리~목포 구간의 혼합열차 각 1 왕복 등 총 4회 운행하였다. 1918년 7월 이리~송정리 구간에 여객 취급 화물열차 1 왕복을 증설하여 5회 운행, 1922년 5월 직통 여객열차 1 왕복을 증설하여 6회로 되었다.

당시 직통 운전시간이 7시간 30분으로 1시간 단축되었는데, 이는 평균시속도 34.8km까지 향상되었기 때문이다. 1924년 5월 일부 열차의 운행을 더욱 증편하였고, 노선 주변 화물의 반출과 교통의 편리를 도모하였다. 1935년에는 호남선 열차의 운행은 총 11회로 증가하였다. 이를 통해 강경과 기타 지역의 연결이 더욱 빈번해졌음을 알 수 있다.

1936년의 호남선은 대전과 서대전, 가수원, 흑석리, 두계, 연산, 논산, 강경, 함열, 황등, 이리, 부용, 김제, 신태인, 정읍, 사가리, 신흥리, 장성, 임곡, 송정리, 나주, 영산포, 다시, 고막원, 학교, 몽탄, 명산, 삼향, 임성리, 목포 등 30개 역이 있었고, 경부선과 연결되어 호남선을 통해 전국으로 이동할 수 있게 되었다

<표 35> 호남선 열차 운행횟수(1935년)

선별 \ 열차 종별	여객	동차	혼합	화물
	4	3	1	3
호남 본선	대전~강경~목포 3 (그중 1은 경성~강경~목포 간 직통)	대전~강경~이리 2	이리~정읍 1	대전~강경~목포 1
		영산포~담양 1		대전~강경~이리 1
				이리~목포 1
	전남광주~목포 1			

자료 선교회(1986), 《조선교통사》, 삼신출판사, p.517

한편 철도역의 발전은 호남선의 경우 목포와 이리, 경부선의 경우 대전을 중심으로 발전하기 시작하여 강경은 점차 이에 편입되었다. 철도사무소도 대전에, 기관구는 대전과 익산에 설치되었다.

<표 36> 철도 거점인 기관구의 설치지역(1940. 7. 현재)

선별	기관구 설치 장소
경부선	부산, 대구, 마산, 대전, 인천, 서울
호남선	목포, 이리

자료 선교회(1986), 《조선교통사》, 삼신출판사, p.517

(2) 근대 대전역의 변화[15]

대전은 호남선이 개통되면서 급격하게 발전하였다. 조선총독부 당시 철도통계

....

15) 조선총독부 철도국(1927년), 《조선 철도 연선요람》을 참조하여 작성

를 보면, 1910년 경부선의 화물량은 대전이 서울과 부산, 대구에 이어 4위였으며, 1937년에도 동일한 4위를 유지하며 우리나라 중부권의 물류 거점 역으로 자리매김하였다. 특히 기점과 종점인 서울과 부산의 높은 비중을 생각해 보면 중부지역에서 대전의 위상이 매우 높았던 것을 알 수 있다. 1910년 서울과 부산을 합한 화물 수송량은 60%로, 1937년에는 74%까지 증가하였다.

산업 및 상업의 경우는 동양척식회사지점, 일해흥업 등의 농장, 대전군 농회, 축산조합이 있었으며, 주요한 회사는 대전전기주식회사, 대전피혁주식회사, 대전운수합자회사, 충청연초주식회사, 대전창고주식회사, 대전토지주식회사, 대전금융조합 등이 있었다.

철도의 개통과 함께 철도를 통한 수송량이 급격하게 증가하였다. 1913년도의 철도운수 성적은 다음과 같은데, 승하차 인원을 합하면 137,361명으로 1일 376명이 이용하였다.

⟨표 37⟩ 대전역 운수 성적(1913년)

승차 인원	69,164명	하차 인원	68,197명
발송화물	17,728톤	도착 화물	28,403톤
여객수입	93,096원	화물수입	66,121원
합계	159,217원		

자료 조선총독부 철도국(1914), 《조선철도역세일반》, p.330

당시의 취급화물을 보면 발송의 경우는 쌀과 잡곡, 도착 화물은 쌀과 목재, 소금 순이었다. 목재는 각종 건축과 토목공사의 기초자재였다.

1913년 철도 반입 품목은 쌀, 조, 소금 등 주식이 많았으며, 지역도 다양하게 분포되어 대전이 교통의 요지임을 알 수 있다. 당시 철도의 빠른 속도를 바탕으로 전국으로 물동량이 이동할 경우 대전에서 하루 보관하는 등 물류의 중심지 역할을 하였다. 국내뿐만 아니라 일본 오사카와 시모노세키까지 화물이 이동하여 그 취급 영역이 넓었음을 알 수 있다.

〈표 38〉 철도 반입 품목(1913년)

(단위 : 톤)

품명	산지 및 발송지	수량	최다 반입 시기
쌀	신탄진, 옥천, 조치원, 군산, 부산, 천안, 논산,	1,486	동절기
외국 쌀	군산, 남대문, 시모노세키(下關)	626	
보리	평양, 이원	109	
조	인천, 남대문, 군산 및 만철선	2,021	
잡곡	조치원, 두계, 차련관(車輦館), 신의주	264	
생선	군산, 초량, 강경	297	
건어물	부산, 초량, 강경	254	
명태	부산, 초량, 강경	225	
소금	인천, 군산, 진남포, 강경	1,462	10월, 11월 및 3월, 4월
설탕	부산, 시모노세키(下關), 모지(門司)	213	
채소	평양, 용산, 남대문, 황주, 신탄진	667	10월, 11월
담배	남대문, 대구	70	
옥양목	오사카(大阪), 군산	109	
무명	오사카(大阪)	40	
성냥	인천, 부산, 군산	44	
석유	인천, 군산	314	10월~4월
도자기	시모노세키(下關), 오사카(大阪), 부산	71	
철물	남대문, 인천	101	
숯	옥천, 강경, 영동, 연산	500,	9월
비단	부산, 인천	535	

자료: 조선총독부 철도국(1914), 《조선철도역세일반》, p.335

한편 반출은 쌀이 많았으며 보리, 과일, 새끼 가마니, 채소가 뒤를 잇고 있었다.

<표 39> 철도 반출 품목(1913년)

(단위 : 톤)

품명	도착지	수량
쌀	오사카(大阪), 남대문, 부산, 군산	3,598
보리	부산, 남대문	250
콩	시모노세키(下關), 히로시마현(廣島縣) 구레	72
채소	논산, 옥천, 강경, 군산	152
잎담배	남대문, 평양, 이리	77
간장	조치원, 논산	59
식료품	강경, 두계	111
과일	남대문, 강경	193
새끼 가마니	논산, 천안, 조치원	175

자료 조선총독부 철도국(1914), 《조선철도역세일반》, p.336

당시의 반입과 반출을 통해 대전은 교통의 중심으로 전국적으로 수송이 되었고 또한 경부선을 통해 일본으로 화물이 수송된 것을 알 수 있다.

전국 철도역에서 여객의 경우 대전은 1910년에 10위, 1920년에 8위, 1930년에 13위, 1937년에 8위를 차지하였다. 화물의 경우는 1910년에 8위, 1920년에 13위, 1930년에 16위, 1937년에 21위를 차지하여 내륙 수송의 거점도시로 자리 잡아 갔다.

1926년 자료를 보면 일본인은 1,574호에 6,414명이 거주하고 있으며, 한국인은 1,536호에 8,314명, 그 외 외국인은 35호에 202명으로 합계 3,145호에 인구 14,930명이 거주하고 있었다. 관공 시설로는 관청과 면사무소, 학교조합, 법원 지청, 보병 80연대 3대대, 경찰서, 형무소, 헌병대대, 전매출장소, 우편국, 곡물검사소, 중학교, 고등학교, 소학교, 보통학교 등이 자리 잡고 있었다. 관광지로서는 소제 공원, 유성온천, 계룡산 등이 있었다. 소제 공원 근처에는 대전신사가 있었으며, 300여 년 전 우암 송시열 선생의 서당이 옆에 있었다.

1919년 11월 9일 추정 사진(출처: 국제일본문화연구센터 아카이브자료)
(https://kutsukake.nichibun.ac.jp/CHO/index.html?word=大田)

　초기 대전역은 지역의 중심으로 통과하는 화물이 많았다. 1926년 철도교통의 통과 차량은 15,391대, 중계화물은 51,438톤, 통과 여객은 243,084명으로 매년 20% 정도 증가하였고, 천안~군산 간의 철도 개통에 따라 더욱 늘어났다. 쌀은 군산 방면에서, 건축자재는 안동과 신의주, 승호리 방면에서, 석탄 등은 만주 등지에서 유입되었다. 1926년 대전역의 물동량을 보면 발송화물 29,439톤, 도착 화물 87,775톤, 승차 인원 241,225명, 하차 인원 241,792명이었다. 화물수입은 119,933엔, 여객수입은 350,457엔이다. 역의 종업원은 112명이며, 주요 처리화물은 쌀, 콩, 목재, 석탄, 가죽 등이었다.

　일제강점기 1917년 대전의 열차 시간표를 보면 대전에서 부산, 서울 그리고 중국의 봉천, 장춘까지 운행된 것을 알 수 있다.

〈표 40〉 대전역 시간표(1917년)

출발시각	목적지	도착시각	출발역
오전 12시 20분	부산(최고급행)	오전 12시 16분	장춘
오전 1시 20분	부산행	오후 11시	서대문역
오전 1시 50분	남대문행	오후 11시 18분	부산
오전 4시 34분	장춘행(최고급행)	오전 4시 20분	부산

출발시각	목적지	도착시각	출발역
오전 5시 45분	봉천행(급행)	오전 5시 40분	부산
오전 5시 55분	부산행		
오전 6시	군산, 목포행		
오전 8시 10분	서대문행		
		오전 11시 43분	남대문
		오전 12시	군산
오후 12시 33분	부산행(급행)	오후 12시 28분	봉천
오후 12시 34분	남대문행	오전 11시 40분	대구
오후 1시	군산, 목포행		
		오후 3시 45분	군산, 목포
오후 3시 55분	대구행		
오후 5시 5분	봉천행(급행)	오후 5시	부산
오후 6시 10분	군산행		
		오후 7시	부산
		오후 8시 5분	서대문
		오후 10시 45분	군산, 목포
오후 11시 32분	부산행(급행)	오후 11시 27분	봉천

자료 田中麗水(1917), 《大田発展誌》, 2000년, 경인문화사, pp.53~54

철도교통의 변화와 상권을 연결시켜 정리해 보면 대전정거장이 형성된 1905년에서 1918년까지는 정거장 주변(원동)에 관공서와 주된 상권이 자리 잡았다. 원동 주변에는 관공서가, 인동시장 주변에는 조선인 대상 잡화상이, 중앙로 주변에는 소비재 등을 판매하는 상점이 입점하였다. 그 후 대전역이 현재의 위치(중동)로 이동하면서 대전역 주변으로 상권도 따라갔으며, 1932년 도청 이전으로 대전역과 도청을 연결하는 지역(중앙로, 은행동)으로 대전의 중심지가 변화하였다.

<표 41> 대전역 주변 주요상점 개소(1917년)

(단위 : 개)

상점의 종류 ＼ 지역	대전정거장 주변 현재 원동	인동시장 주변	중앙로변 중동, 은행동
은행	2		
회사	2	6	
정미업	1	5	
백미상			4
양조업		1	2
제조업			3
조선인 대상 잡화상		9	
전당포	2		4
주류	3		5
관청납품업	1		
병원	2	2	

자료　田中麗水(1917), 《大田発展誌》를 참조해서 작성

<표 42> 대전역과 상권의 변화

구분	1905년(대전정거장)	1918년(대전역)	1932년(도청 이전) 이후
대전의 중심상권	정거장(원동)	대전역(중동, 정동)	중앙로(대전역과 은행동 연결)
관공서 등 위치	정거장 주변	대전역 주변	도청 주변으로 이동

　철도의 개통으로 도시들은 발전하기 시작하였는데, 대전은 1938년에 최초의 도시계획이 수립되어 시로서 본격적으로 발전하게 되었다. 행정적으로는 1914년에 대전군이 신설되었고, 1917년에는 대전면, 1931년에는 대전읍으로, 1935년에는 대전부로 승격하였다.

　대전의 발전 축도 대전역과 서대전을 중심으로 발전하게 되었다. 1932년 충남도청의 위치가 두 철도역의 중간에 위치하게 된 것도 이와 관련이 있다. 1932년 5월 30일 대전역의 발전 축을 서쪽으로 확산시키는 결정적인 계기가 서쪽으로 1.1km 떨어진 충남도청이 공주에서 대전으로 이전한 것이었다. 충남도청의 이전

으로 대전은 1년 사이에 인구가 45%나 증가하였다.

1932년 충청남도 도청의 이전 당시 대전은 공주보다 인구나 도시기반 시설 측면에서 부족하였으나, 한반도를 엑스(X)자형의 종관 철도망으로 연결하게 되면서 통과 지점인 대전에 도청소재지를 이전시킨 것이다.

충남도청의 이전에 관한 역사는 1910년으로 거슬러 올라간다. 1910년에는 경기도 도청소재지를 수원에서 경성부로, 1920년에는 함경북도 도청소재지를 원산에서 나남(청진)으로, 1923년에는 평안북도 도청소재지를 의주에서 신의주로, 1925년에는 경상남도 도청소재지를 진주에서 부산으로 각각 이전하였다. 모두 철도가 놓인 곳이다.

충남도청의 이전 제의는 1910년을 전후로 호남선 부설 논의가 전개되면서, 주로 대전지역 일본인 거류민을 중심으로 여론이 대두되었다. 당시 공주의 인구가 더 많았음에도 대전으로 도청이 옮기게 된 것은 대전의 중심세력이 일본인들이었으며, 공주보다 일본인의 인구가 더 많았기 때문이다. 이와 관련된 내용을 〈동아일보〉 신문 기사에서 찾을 수 있다.[16]

"공주는 조선인이 만든 곳이며, 대전은 일본인이 만든 곳이다. 즉 일본인과 조선인의 항쟁으로 관측할 수 있다."[17]

공주는 조선인, 대전은 일본인의 항쟁 구도를 이루었지만 결국 소재지는 대전으로 확정되었다. 중앙로의 양 끝단에 위치하는 대전역사와 충남도청사가 대전의 중심지 역할을 했다.

대전이 서쪽으로 확장되면서 서대전역이 1936년 11월 1일 영업을 시작하였다.[18] 1937년 자료에 의하면 대전은 소비도시에서 생산도시로 점차 변모하였다.

....

16) 〈동아일보〉, 1931년 3월 11일

17) '충남도청 이전비 문제 갑론을박타가 부활키로 결정', 〈동아일보〉, 1931년 3월 11일 1면

18) 〈매일신보〉, 1936년 11월 1일 4면

대전피혁, 대전물산, 남선창고, 대전전기 등 50개의 공장이 활발하게 움직였다.[19] 이러한 발달을 요약한 것이 〈표 43〉이다.

〈표 43〉 근대 대전의 변화

구분 / 연도	대전의 변화	인구 (인)	대전역 이용 여객 (인, 상차) / 하차(인, 하차)	대전역 취급화물 (톤, 발송) / 도착(톤, 도착)	비고
1914년	인동, 원동이 발전	12,800	74,302	22,309	대전 남북으로 발전
			73,798	38,716	
1926년	현 대전역 근처 정동이 발전	14,930	241,225	29,439	
			241,792	87,775	
1935년	1932년 충남도청 이전으로 중앙로 발전	39,061	351,311	39,286	대전 동서축의 발전 (서대전역 1936년 영업 개시)
			353,422	88,670	
1940년	대전의 확장 (외남면, 산내면 일부 편입)	61,923 (1941)	735,893	51,220	
			741,397	109,079	

(3) 해방 이후의 대전

(가) 철도 관련 기관의 이전

철도의 도시 대전에는 철도 관련 주요 기관이 입주하고 있다. 광복 이후 철도 운영기관은 1946년 1월 1일 미군정청 운수부에서 시작되어 1948년 8월 15일 교통부로 개편되었고, 1963년 9월 독립채산제의 특별회계로 운영하는 철도청으로 독립하여 운영되었다. 철도청은 서울역 서부에 자리 잡았으나 1998년 7월 1일에 정부대전청사로 이전하였다.

그 이후 2005년 1월 철도청이 공기업으로 전환되면서 한국철도공사로 출범하였으며, 2009년 9월 대전역에 위치한 철도 공동사옥으로 이전하여 본격적인 대전 철도의 시대를 개막하였다.

....

19) 《조선도읍대관》, 1937년, 민중시론사, pp.23~24

대전역 차량기지(한국전쟁 직후)　　　　　대전역 급수탑(2005년 촬영)

국가철도공단은 철도시설의 건설·관리와 효율적인 사업 시행 등을 수행하는 준정부기관으로 2003년 7월 29일 철도산업발전기본법 및 한국철도시설공단법이 제정·공포되면서 설립 절차에 들어가 2004년 1월 1일 발족했다. 이 공단은 과거 철도청 산하의 건설본부와 한국고속철도건설공단을 통합한 것으로, 철도 영업부문은 한국철도공사로 이관되었고, 공단은 철도 건설과 관리부문을 맡게 되었다. 공단은 2009년 9월 대전역 동광장에 있는 철도 공동사옥에 한국철도공사와 함께 입주하였다.

따라서 대전은 철도건설을 담당하는 기관과 철도를 운영하는 기관이 모두 위치하고 있는 철도의 메카로 변모하였다고 할 수 있다.

또한 용산 차량기지가 폐쇄되면서 대전차량기지(대전철도차량정비단)의 역할이 더욱 커졌다. 위치는 대전 대덕구 평촌동 332번지이며, 면적은 약 535,931m²(162,119평)이다. 대전은 호남선과 분기로 대전조차장이 자리 잡고 있는데, 위치는 대전시 대덕구 대화동 산7번지, 면적은 483,940m²(146,392평) 규모이다.

일본의 철도 도시 오미야(大宮)의 발전은 대전의 발전과 유사하다. 오미야는 일본의 철도 도시로 유명하다. 역사적으로 보면 1843년에 인구 1,508명이 거주하는

대전차량기지(출처 : 한국철도공사)

작은 마을이었다. 메이지 유신 이후 현의 중심지가 오미야 근처로 옮겨오고 1885
년 철도역이 생겼다. 이후 동북지방과 니가타 방면의 철도가 분기하면서 발전하기
시작하였고, 국유철도 시절에 차량기지와 조차장이 자리 잡았다. 철도망이 확장되
면서 분기하는 철도가 12개 노선이 되어 도쿄에 이어 일본에서 두 번째로 많은 노
선이 통과하고, 이러한 영향으로 인구가 50만 명이 넘고 있다.

이 시는 2007년 철도박물관을 유치하여 철도 도시로서 위상이 더욱 높아졌다.
당시 철도박물관의 개관에 따른 경제적인 파급효과는 매년 112억 엔으로 추산하
고 있으며 지금도 매년 오미야 철도박물관을 100만 명이 찾고 있다.

(나) 고속철도의 운행

철도 도시 대전은 철도를 통해 새로운 도약을 꿈꾸고 있다. 1905년 경부선 개통
과 대전기관구 등 철도시설이 입주하였고, 한국전쟁 후 폐허가 되었지만 1990년
이후 철도기관이 입주하면서 철도의 도시로 부활하였고, 고속철도가 통과하는 중

심도시가 되었다

2004년 경부고속철도 개통 등으로 대전의 발전 속도가 더욱 빨라졌다. 서울에서 대전까지 새마을호로 2시간 소요되었으나 고속철도 개통으로 50분으로 단축되었다. 대전은 연간 고속철도 이용객이 약 1,000만 명이 넘고 있는데, 이는 서울과 동대구, 부산에 이어 네 번째이다.

<표 44> 고속철도 주요 역 KTX 이용 인원

(단위 : 명 / 연인원)

역별 연도	서울	광명	천안아산	오송	대전	동대구	부산
2004년	12,206,687	1,615,060	1,320,081	–	4,019,202	6,572,705	6,877,213
2010년	21,767,344	5,831,710	4,305,157	157,162	8,772,180	12,266,751	11,670,955
2015년	28,317,642	7,892,558	6,236,856	3,840,867	10,511,190	13,034,350	14,542,508
2017년	24,183,953	8,324,481	6,211,966	4,919,834	9,503,160	11,771,032	11,623,086
2019년	28,752,510	10,060,860	7,067,860	6,321,070	10,279,860	12,694,335	11,972,365

자료 《철도통계연보》, 각 연도
* KTX 이용 인원 : 역별 KTX 승차 인원 + 역별 KTX 강차 인원(역 기준 / 일반 열차 제외)

고속철도 개통 이후 대전시민의 삶도 많이 달라졌으며, 정기권으로 출퇴근하는 사람들도 늘고 있다. 수서고속철도의 개통으로 대전에서 수서(강남)까지 50분이면 이동할 수 있어 이제 공간적으로 새마을호로 이동했을 당시 대전은, 지금은 수원 근처에 있는 것이나 다름없다.

(다) 인구의 증가

이처럼 철도 도시 대전은 해방 직후 충청도와 전라도, 경상도에서 사람과 물자가 집산하는 교통의 요지로 발전하였다. 한국전쟁 초기에는 대전이 20여 일간 임시수도였고, 이후 수많은 피난민이 몰려왔다. 인구 10만 명이던 도시가 갑자기

100만 명으로 불어났는데 당시 사람들이 열차 지붕에 매달려 대전역으로 들어왔을 정도였다고 한다. 대전역은 그 당시 교통의 중심지로 주목을 받았으며, 그로 인해 6 · 25전쟁 당시 폭격 때문에 큰 피해를 보았다.

대전역 역시 그 전쟁에 파괴되며 당시의 일본식 중세풍 대전역은 역사의 뒤안길로 사라졌다. 그리고 전쟁이 끝난 후 1958년 7월에 미국의 전쟁 복구기금을 통해 다시 건설되었다. 대전역은 이상순이라는 26세의 젊은 건축가를 중심으로 평지붕에 3층의 철근 콘크리트 모습의 역사가 지어졌다. 이는 당시 파격적인 시도였다고 한다. 특히 기본 모듈과 입면의 구성이 뛰어나다는 평가를 받고 있으며, 대전역의 옛 모습은 아직도 그 시절을 살았던 대전인의 기억 속에 오랫동안 남아있다.[20] 대전은 계속해서 발전을 거듭해 1949년 대전시로 승격하였고, 1974년에 대덕연구단지의 시작과 1998년 정부종합청사의 입주, 고속철도의 개통 등으로 인구가 급격하게 증가하였다.

〈표 45〉 대전의 인구변화

연도	인구수(명)	주요 관련 사항
1904	188(일본인)	1905년 경부선 개통 1914년 호남선 개통
1925	8,613	1914년 대전면 1917년 지정면으로 행정구역 확대
1930	21,696	
1935	39,061	1931년 대전읍으로 승격 1932년 충남도청 이전 1935년 대전부로 승격
1944	76,675	
1945	126,704	1949년 대전시로 승격
1950	146,143	
1960	229,393	

....

20) 대전근현대사전시관 게시자료

연도	인구수(명)	주요 관련 사항
1970	414,593	1974년 대덕연구단지 설립
1980	651,642	1989년 직할시로 승격
1990	937,119	1998년 정부기관 대전 이전
2000	1,390,510	2004년 고속철도 개통
2007	1,487,836	
2012	1,524,538	
2016	1,535,191	
2021	1,463,291	

자료 조선총독부(각 연도), 《조선총독부통계연보》, 대전시(각 연도), 《대전통계연보》

4) 대전의 미래

이처럼 대전은 철도가 부설되면서 만들어진 도시이며, 그동안 철도역을 중심으로 발전하였고, 다시 고속철도의 개통으로 새롭게 부각되고 있다. 향후 충청권 광역철도의 개통으로 지역의 중심으로 더욱 발전할 것이다.

고속철도 개통 후의 대전

향후 대전은 고속철도의 거점도시로서 더욱 성장할 것이다. 이를 위해 대전은 철도 도시답게 관련 문화유산의 정리와 보존 그리고 대전역을 복합기능을 가진 철도역으로 발전시켜 나가야 할 것이다. 역은 이제 이용객을 위해 상품과 정보 그리고 숙박 기능까지 제공하는 다양한 시설로 진화하고 있다. 대전도 철도 도시에 걸맞게 새로운 구상을 해야 한다.

5. 익산

1) 들어가며

익산의 발전은 교통과 깊은 연관이 있다. 조선 시대의 역로를 보더라도 익산(1995년 익산군과 이리시가 통합하여 익산시가 됨)을 통과하는 큰 역로가 있었는데, 당시의 역로 기능은 군사적 그리고 경제적인 목적이 있었고, 익산은 한성과 삼례를 통과하는 중심지에 있었다. 근대에 들어서 익산은 철도가 통과하는 도시로 발전하게 되어 급격한 성장을 하게 되었다. 익산의 발전과정을 보면 1413년에 익산군, 1914년 익산면, 1947년에 이리읍이 부로 승격하고, 1949년 8월에 이리시가 되어 익산군에서 분리되었으며, 1995년 이리시와 익산군이 통합하여 익산시가 되어 오늘에 이르고 있다. 이러한 익산의 변화에는 철도교통이 큰 역할을 하였다. 특히 근대에는 익산을 연계하는 철도망이 생기면서 당시 주변의 도시였던 전주와 군산보다 성장 속도가 더 빨랐다. 익산을 연계하는 철도 교통망을 보면 최초로 1913년에 전북경편철도주식회사가 설립되었다. 전북경편철도주식회사(1920년에 전북철도주식회사로 개명)가 우리나라 최초의 경편철도 부설 면허를 받아 1914년 5월에 공사에 착수하여 10월에 준공하였고, 11월에 협궤철도의 부설을 완료하여 전주에서 이리까지 총 24.9km 구간에서 여객운송을 개시하였다. 이후 1927년에 이 철도를 조선총독부에서 215만 966원에 매수하여 경전북부선이라고 개칭하였고, 이후에 전주 방면에서부터 표준궤 개축공사로 역사 등을 전면 신축하였다. 1914년 호남선이 전선 개통되었지만, 익산과 군산 구간은 1912년 3월 6일, 강경 ~이리도 같은 날 개통되었다.

한편 1931년 10월 전주~남원, 1933년 10월 남원~곡성, 1936년 12월 곡성~순천 간에 표준궤로 개통되었고, 이것이 이미 개통되어 있던 광주선과 순천에서 연결됨으로써 전라선으로 그 명칭이 바뀌었다. 전주~순천 간의 133.2km의 공사로 1937년 3월에 전라선 전 구간이 개통되었다. 그 후 1980년대 말 고속철도 계획에 의해 호남선 전철화가 계획되어 당초보다 늦게 호남선에 고속철도가 직결 운행하게 되었고, 호남고속철도는 2015년에 개통되어 오늘에 이르고 있다.

여기서는 익산지역에서의 철도교통의 변화와 철도가 익산지역에 미치는 영향 등에 대하여 분석하고자 한다. 그동안의 연구는 주로 익산의 지역 발전 측면에서 많은 연구가 있었으나, 철도교통, 특히 전북경편철도, 호남선, 군산선의 개통과 관련한 연구는 없어 이 연구에서는 익산을 철도교통의 특성에 착안하여 발전을 설명하려고 하였다.

2) 호남선 및 군산선

호남선의 경우 우리나라가 자주적으로 건설하려는 호남철도주식회사도 설립하였지만, 자본금이 부족하였다. 조선 교통사를 통해 보면 호남선은 대전~목포 구간을 연결하는 선로로, 그 연선인 충청과 전라, 경상의 3도 일대의 지방은 예부터 3남이라 칭하여져 왔다. 그리고 토지가 비옥하고 수산물 및 여러 공예품이 풍부한 '반도의 보고'라고도 할 수 있어 일찍부터 개발이 계획되었으나 교통 운수 시설이 정비되지 않아 풍부한 자원을 개발하지 못하고 있었다. 본선 부설은 이러한 자원의 개발을 목적으로 1898년 6월 다소의 경위는 있었지만, 한국과 일본 정부의 부설권에 관한 교섭이 성립하였으며, 그 후 통감부 시대에 제26회 의회(1909년 12월)의 동의를 얻어서 경원선과 함께 그 공사를 서두르게 되었다.

건설 노선은 경부선 대전에서 시작하여 가수원과 두계를 거쳐 논산·강경평야를 거쳐 금강 하구부터 전주평야의 동쪽을 따라 이리에 이르고, 여기서부터 평야를 횡단하여 김제평야의 동쪽으로 나아가 전라남북도 경계에 우뚝 솟은 노령을 통과하여 광주평야, 송정리, 영산포 등의 여러 읍을 지나 목포항에 도달하였다. 연장은 간선 162.3마일(261.1km)과 별도로 이리에서 군산항에 이르는 15.3리(24.7km)의 지선을 합한 177.6마일(285.8km)이지만, 그 통과 지대는 금강과 만경강, 동진강 등의 유역에 속하여 식량 자원 개발상 매우 중요한 선로이다. 이 공사에 든 총 공사비는 약 1,317만 5천 엔이었고, 1912년 3월 6일 강경~이리, 이리~군산이 개통되었으며, 1912년 10월 1일 이리~김제 구간이 개통되었다.

지금의 군산선은 호남선의 지선으로서 이리 정거장에서 분기하여 군산항에 이르는 지선 연장 14.3km와 이리를 연결하는 23km 구간을 1911년 6월에 기공하여 1912년 3월 6일에 개업하였다.[21] 군산선은 호남선 철도 부설 당시 호남선 철도공사에 필요한 자재수송의 일환으로 계획되었다고 한다. 군산지방의 일본인 거류민단이 주동이 되어 일명 호남철도기성회라는 단체를 만들고 철도 부설 추진 운동을 활발히 전개하였는데, 그들은 호남선 철도공사에 필요한 각종 중량급 자재를 운송·보급하는 데 군산항을 이용하여 단거리 운송으로 이 노선의 건설을 제안하여 군산항까지 인입선을 부설토록 하였다.[22]

21) 철도청, 《한국철도사 제2권》, 성문사, 1974년, pp.106~109

22) 이경찬, '철도시설과 연계한 이리 도시구조와 도시경관의 근대성 해석', 2012년, Journal of Architectural History, Vol 21, No. 6, p.66, 2012년 12월

과거 익산역(일제강점기)

열차운영은 당초 대전~목포 구간의 직통 여객열차와 혼합열차 각 1 왕복 외에 대전~이리, 송정리~목포 구간의 혼합열차 각 1 왕복을 운행하였으나, 여객과 화물물동량의 증가로 1918년 7월 이리~송정리 구간에 여객 취급 화물열차 1 왕복을 증설하여 호남 전선에 총 3 왕복 운행하였다. 이 중 직통 여객열차는 기존보다 1시간 단축하여 8시간 30분이 소요되었다. 1922년 5월 직통 여객열차 1 왕복을 증설하고, 직통 운전시간을 7시간 30분으로 1시간 단축하였고, 평균시속도 34.8km까지 향상되었다.[23]

1928년 대전~익산까지 열차 소요 시간은 2시간 46분이었고, 당시 대전과 익산까지의 거리는 88.6km였다. 운임은 2등에 2.50엔, 3등은 1.38엔이었다.[24] 익산역의 수송량이 급격하게 증가하여 1920년 승차 인원이 197,441명에서 1940년에는 722,989명으로 증가하였다.

23) 선교회, 《조선교통사》, 1986년, p.513
24) 철도성, 〈기차시각표〉, 1928년 10월호

연도	여객 수송량(명)		화물 수송량(톤)	
	출발	도착	발송	도착
1920	196,441	198,289	21,021	35,149
1925	328,136	330,708	19,875	53,966
1930	318,902	314,886	13,674	45,122
1935	406,157	395,234	21,041	41,707
1940	722,989	724,066	21,875	40,974

자료 조선총독부, 《조선총독부 통계연보》

1927년 자료에 의하면 이리역의 발송화물은 22,722톤, 도착 화물은 68,950톤 으로 도착 화물이 더 많았다. 도착 화물은 조, 목재, 석탄, 석재, 비료 등이었고, 발 송화물의 70%는 일본으로 향하는 쌀이었다. 승차 인원은 319,109명, 하차 인원 은 317,898명이었다. 화물수입은 52,467원, 여객수입은 231,825원이었다. 이리

익산역(해방 이후)

역의 근무 인원은 45명이었다.[25]

익산역의 여객과 화물 취급량을 보면 여객의 경우 호남선에서 가장 많은 여객을
취급하였고 화물의 경우도 목포에 이어 2위를 기록하였다.

<표 47> 호남선의 주요 역 여객 취급량 비율

사철 연도	여객 취급량				화물 취급량			
1913	이리(17.0)	강경(13.4)	목포(9.0)	39.4	목포(13.1)	영산포(11.0)	이리(11.0)	35.1
1920	이리(12.7)	강경(8.4)	목포(8.4)	29.5	목포(17.5)	이리(16.2)	송정리(12.9)	48.6
1930	이리(16.9)	목포(10.2)	송정리(8.1)	35.2	목포(23.5)	이리(10.9)	김제(10.1)	44.5
1937	이리(15.7)	목포(10.1)	송정리(6.7)	32.5	목포(31.5)	이리(8.3)	김제(10.1)	44.5

자료 허우긍, 《일제강점기의 철도수송》, 2010년, pp.218~219

이처럼 수송량이 계속 증가하여 열차 운행횟수도 증가하였다. 1935년에는 여객
열차의 경우 익산이 4회가 통과하였고, 화물열차도 3회가 운행되었다. 동차의 경
우 대전~이리가 1일 2회 운행되었다. 운행횟수의 증가와 1937년 전라선의 개통
으로 당시 이리역의 역할이 커짐에 따라 당시 이리역은 증축되었으며, 건평 330평
규모의 새로운 역사였다.[26]

<표 48> 호남선의 열차운영현황(1935. 1. 현재)

종별 선별	여객	동차	혼합	화물
경인선	13			4
	경성~인천 13			경성~인천 4

....

25) 조선척식 자료조사회, 《조선철도연선요람》, 1927년, p.566

26) 〈매일신보〉, 1937년 9월 4일

종별 선별	여객	동차	혼합	화물
평남선	6	3		4
	평양~진남포 6	평양~진남포 3		평양~진남포 4
호남 본선	4	3	1	3
	대전~목포 3 (그중 1은 경성~목포 간 직통) 전남광주~목포 1	대전~이리 2 영산포~담양 1	이리~정읍 1	대전~목포 1 대전~이리 1 이리~목포 1
군산선		5	1	5
		전주~군산항 3	곡성~군산항 1	이리~군산항 3
		남원~군산항 1		곡성~군산항 1
		이리~군산항 1		전주~군산항 1

철도교통을 통해 이리는 발전하였다. 호남선의 개통으로 이리는 그 중심역이 되어 여객과 화물을 가장 많이 취급하는 역으로 발전하였다. 군산선을 통해서는 쌀을, 후에 전라선의 개통으로 호남의 산악지방을 통과하여 순천과 여수를 연결하는 주요한 교통거점 도시로 발전하였다.

3) 철도교통과 지역 발전

(1) 익산

철도 개통 이후 당시 자료를 보면, 익산이 크게 발전하였으며 익산을 통한 철도 수송이 군산과 연계되었고, 이를 통해 일본으로 쌀이 반출되었음을 알 수 있다.

이리는 전북 옥구 내에 위치하며 호남선의 주요 역으로서 군산 쪽으로 군산선, 동남 전주 쪽으로 경전북부선을 분기로 철도의 십자로에 해당되어 인구 1만 8천 명(일본인 3,600명)을 보유해 전주, 군산 다음가는 대도시이다. 1906년 일본인 4명, 조선인이 3,772명이었다. 부근은 화강암의 소구와 다습한 충적지가 복잡하게 뒤얽혀 시가는 구릉을 개간해 만든 평지 위에 있다. 마치 일본식의 신흥도시와 같아 각종 은행 회사를 두고 활발하게 상업 활동이 이루어지고 있다. 부근 농업지에 대중심을 이루는 동시에 교통의 요충지에 해당되며 장래 경전선(慶全線)의 전면 개통 때문에 한층 더 활기를 띨 것으로 예상된다.[27]

철도교통의 발전에 따른 익산시의 인구변화를 보면 1920년 당시 7,267명에 불과하였지만 1940년에 약 3배가 증가하였다. 전주와 군산에 비해 증가 폭이 큰 것을 알 수 있다.

〈표 49〉 익산시의 인구변화

(명)

연도 지역	1920년	1925년	1930년	1935년	1940년
이리 / 익산	7,267	13,403	17,964	21,219	21,768
전주	15,862	22,683	38,595	42,387	47,230
군산	14,138	21,559	26,321	41,698	40,553

자료 조선총독부, 《조선총독부 통계연보》

(2) 군산[28]

익산의 발전과 깊은 관계가 있는 것이 군산이다. 익산을 통해 쌀이 군산으로 수송되었기 때문이다. 군산에 집중하는 미곡은 충청도와 전라도의 산물로, 군산항은 일명 삼남 평야의 쌀 산지를 상권으로 금강 유역의 옥답에서 산출하는 것의 대부분은 금강의 수운과 철도편으로 수송되었다. 집산액이 특히 많아 군산항 수출무역 총 가격의 91.7%이며 미곡의 수출고에 있어서는 부산항에 이어 개항장 중 2위이다. 그리고 거래 상태는 부산, 인천, 진남포와 거의 비슷하며 일본인의 대규

27) 《일본지리풍속대계》, 신광사, 1932년, 이리편
28) 조선총독부 천도국, 《조선철도역세일반 상권》, 1914년, 군산편

모 농장 경영과 함께 소농 역시 각지에 흩어져 있다. 농경법도 비교적 진보하여 품종의 선택, 정미 방법 등이 다른 지방에 비하여 걸출하여 성가가 높고, 또 대농가와의 큰 거래가 적지 않으며, 금강 기타의 수운과 철도편의 이용이 거의 비슷하다. 1913년도 중 철도편에 의하여 군산에서 착·발한 곡물의 수량과 군산세관에서의 수출입 수량을 보면 쌀이 압도적으로 많았는데 이는 주로 일본으로 수출된 것을 알 수 있다.

〈표 50〉 철도편에 의한 곡물 착발 수량(1913년)

(단위 : 톤)

품명	도착	발착
쌀	19,261	3,233
보리	114	78
콩	52	35
잡곡	2,263	2,143
합계	21,690	5,489

참고 400톤 이상의 산출지는 논산, 함열, 황등, 이리, 김제, 태인, 정읍, 장성의 각 역

〈표 51〉 미곡 수출입 수량(1913년)

(단위 : 톤)

품명	수출		수입	
	수량	수출선	수량	수입선
쌀	30,341	일본	4,867	미국
조	–		4,348	만주
합계	30,341		9,215	

참고 외국의 수입쌀 및 조는 호남 연선 및 금강 유역 각지와 연해안에 분포

철도교통의 발전으로 익산은 급격하게 성장해 왔는데, 특히 철도가 개통된 초기인 1915년에 크게 성장하였다. 1911년 익산군의 인구는 37,319명에서 1915년에 97,840명, 1920년에 119,107명, 1925년에 135,503명, 1930년에 148,221명, 1935년에 160,405명, 1940년에 161,785명으로 증가하였다.[29]

근대 이리는 경부선의 대전과 동일하게 호남선 철도의 부설을 계기로 형성된 도시이다. 이리역의 명칭은 마을 명에서 유래한 몇 개 역명 중 하나로 기존 도시가 아니라 아주 작은 마을이 철도로 인하여 도시화가 되면서 역명으로 지정되고, 이후 행정구역 개편에서는 도시명으로 확대되었다. 1914년 행정구역 개편에 따라 익산면이 탄생했지만 이보다 앞서 이리역은 1912년 3월 6일에 영업을 시작하고, 남일면의 한 마을이었던 '이리'라는 지명이 역명으로 등장하게 된 것이다. 즉 이리라는 지명은 과거 행정구역명과는 전혀 관련이 없는 지명이었고, 역의 입지 및 역명 채택과 함께 새로운 중심지로 성장하였으며, 1931년 행정구역명(이리읍)으로 채택되어 철도교통에 의하여 완전히 새롭게 탄생한 곳으로 대전과 비교할 수 있다.[30]

이처럼 한적한 곳에 호남선과 군산선의 역이 만들어진 것이다. 1912년 군산선의 기점 이리역을 만들 때 이리에는 겨우 주택이 10채밖에 없었다. 이 지역은 기존 세력의 저항이나 개발 비용면에서 유리하였기 때문이다. 이리의 도시구조도 크게 변경되었는데, 이전의 이리는 전형적인 농촌 공간구조였으나 철도의 부설과 이리역의 건설로 인하여 도시형태를 지니게 되었다. 원래 익산의 발전은 지금의 익산역보다 동쪽인 삼례와 금마에서 철도역이 서쪽으로 옮겨오면서 도시의 발전 축이

---

29) 국가통계포털 http://kosis.kr/(해방 이전 통계)

30) Sungwook Cho(2016), The Influence of Honam Railway(1914) to Station Name and Central Place Change, 한국지리학회 제5권 3호, pp.322~323

변화하게 되었다. 구체적으로는 호남선과 군산선이 개통되면서 만들어진 이리역과 전북경편철도가 부설되면서 설치된 옛 이리역이 철도교통의 거점으로 자리 잡았다. 특히 호남선 부설공사가 시작되면서 익산군청과 우편소, 헌병분대가 이리시로 옮겨오고 익산지방의 중심지로 부각되었다. 계속해서 호남선과 전라선의 개통으로 각종 관공서와 학교가 집중되었으며, 이에 따라 이리역 주변으로 인구가 모여들어 시가지로 번성하게 되었다. 철도 관련 시설인 이리보선구, 이리기관구, 철도관사촌, 철도병원 등이 이리역 주변에 생겼다.

당초 호남선과 군산선 철도 부설이 이루어지기 전에 일본은 금마면 소재지(당시 군내면)를 거점으로 익산지방을 통치하려 구상하였다. 그러나 전주~이리를 연결하는 전북경편철도가 평야 지대로 부설되면서 이를 수송하기 편리한 쪽으로 철도가 부설됨에 따라 호남선과 군산선의 철도 부설은 금마 중심에서 이리 중심으로

고속철도 개통 후의 익산역

이전, 재편되었다.

인구가 증가함에 따라 이리역 앞 신시가지가 형성되고, 근린생활시설과 함께 시장이 개설되어 현재까지 이르게 되었다.

(4) 결론

익산의 근대화와 도시화에서 철도교통은 큰 역할을 했다. 타율적인 운영이었지만 우리나라 최초의 사설철도가 운영되었고, 호남선과 전라선, 군산선의 거점 역으로 자리매김하였다.

10여 호에 불과한 인가에서 시작된 익산은 철도의 부설로 인하여 완전히 새로운 도시로 변모하게 되었다. 작은 마을 명이 역명으로 활용되었고, 또한 당시 조선총독부의 정책으로 기존 도시인 전주보다는 새롭게 건설하기가 용이한 도시로 선정되어 도시로서의 성장이 더욱 가속화한 것으로 판단된다. 이것은 단순히 도시정책과 함께 당시 도시발전의 주요 요소로서 이동수단인 철도교통의 제공이 있었기에 가능한 것이라고 판단된다. 특히 익산은 호남선과 전라선, 군산선 등 호남지역을 모두 연결할 수 있는 역이 위치한 도시이기에 더욱 다양하고 빠른 변화가 생겨났다고 판단된다. 향후 철도와 지역개발을 지역학적인 측면에서의 접근과 함께 다양한 기능에 관한 연구가 좀 더 진전될 필요가 있을 것이다.

6. 강경

1) 들어가며

강경은 충청남도 논산에서 서남쪽으로 10킬로 지점, 금강의 왼쪽 해안에 위치해 수운(水運)이 편리하고 미곡의 집산지로 알려진 곳이다. 조선 시대 이래 300년 동안 상업지로서 발달해 왔기 때문에 강경시장은 대구시장, 평양시장과 함께 3대 시장으로 불려왔다. 철도가 발달하면서 호남선 철도의 부설로 수운이 쇠퇴하였고, 그 결과 강경은 침체하기 시작하였다. 주된 교통수단이 수운에서 철도로 바뀌면서 지역의 변화가 심한 대표적인 사례라고 하겠다.

이 연구에서는 철도가 가져온 지역의 변화를 살펴 철도가 어떠한 역할을 수행했는가에 대한 사례연구로서 그 의의를 찾을 수 있다. 특히 수운이 발달한 지역이 철도가 도입되면서 수운이 쇠퇴하고 내륙 수송의 기능을 더 번성한 다른 지역에 빼앗겨서 지역이 전반적으로 침체한 독특한 사례라고 하겠다.

선행 연구를 보면 강경에 대한 연구로는 나도승의 연구가 있는데, 그는 금강에 관해 집중적으로 연구하였다. 그런데 역사적인 연구가 진행되었으나 철도를 제외하고 이루어진 것에 한계를 가지고 있다.[31]

또한 지리학에서 철도연구로는 허우긍의 연구가 대표적이다.[32] 그는 철도수송량 통계를 이용하여 지역의 변화를 설명하였는데, 지역구조의 측면에서 수송량 상위 도시는 기존의 대도회와 다르지 않고 대전, 이리(익산) 등과 같은 철도가 만든 도시는 그 사례가 많지 않다고 언급하였다. 또한 철도 접근성과 인구 성장의 관계는 유의미한 관계에 있지만, 인과관계가 상호적이라고 주장하였다. 그러나 그의 연구의 한계는 충분한 사례와 증거를 제시하지 못한 한계를 지니고 있다.

강경에 대한 선행 연구로는 그동안에 수운으로 인한 강경의 발전, 교통 체계의 변화를 통한 도시 공간구조의 변화 등을 연구하였다. 특히 최근의 연구인 송경언은 '강경의 교통변화와 관문 도시의 배후지연구'에서 강경과 군산, 논산을 비

31) 나도승(1981), '금강 수운 시장권의 변화에 관한 연구 : 하항 취락을 중심으로', 공주교대 논문집 17, 1981년, pp.119~135
32) 허우긍(2010), 《일제강점기의 철도수송》, 서울대학교 출판부

교하면서 수운에서 철도교통으로 변화한 강경의 도시구조를 분석하였다. [33] 특히 강경의 경우 발전과정을 1900년대 수로를 통한 발전 시기, 그 후 해방 이전까지 수로와 철도를 통한 미곡 반출 시기, 해방 이후 미곡 반출 중단 시기로 나누어서 설명하면서 강경지역 수로의 역할을 미곡반출과 군산과의 비교를 통해 도시구조 변화를 설명하였다. 철도와 관련하여 강경은 철도가 발전하면서 쌀 유통의 배후 지를 잃었다고 설명하고 있다. 공주 동쪽 연기 이남 지역이 대부분 철도의 영향 권에 흡수되었고, 1914년 행정구역 개편 시 강경이 논산군에 편입되고, 은진군 청이 강경에서 논산으로 이전한 것도 수운보다 육운의 비중을 중시한 것으로 설 명하고 있다.

이 연구에서는 그동안의 연구에서 중점적으로 고려하지 못한 철도의 상황과 개 통으로 지역이 내륙에 편입되는 과정과 이를 통해 수운과 지역이 쇠퇴하는 과정 을 그 사례로 들어 설명하였다. 여기서는 그동안 이론적으로 이야기되어왔던 원 거리 대량 수송에서 철도가 도입되어 속도의 경쟁력과 내륙의 유통망이 확보되면 서 수운이 급속하게 쇠퇴하였다는 것을 구체적으로 강경의 사례를 통해 설명해 보고자 한다.

2) 강경의 역사와 수운의 발전

(1) 강경의 역사

조선 시대의 강경 지도를 보면 금강에 인접하여 바다와 연결되어 있다. 세종실 록 149권에 봉수가 있었다는 기록이 나와 있는데, 강경대(江景坮)는 옥녀봉에 있 었던 봉수대를 표시한 것이다. 강경에 솟은 산이 43.8m의 옥녀봉이다. 강경 내부

---

33) 송경언(2009), '금강 유역 관문 도시의 교통 변천에 따른 공간적 특성변화 - 군산과 강경을 대상 으로 -', 한국지역지리학회지 15(3), 2009년 8월, pp.351~368

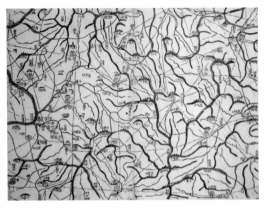

〈지도 14〉 강경부근 대동여지도 1861년, 서울대 규장각 한국학연구원 소장

에는 논산천과 강경천이 흐르고 있다. 동쪽에는 은진, 연산 등의 군현이 있는데, 이는 현재 논산시의 노성면과 은진면, 연산면이다. 석성의 중심은 부여군 석성면이었다.

이중환의《택리지》는 강경에 대해 다음과 같이 기술하고 있다.

"강경은 은진 서쪽에 있다. 들 가운데 작은 산이 강가에 솟아 동쪽으로 뻗었고 좌우로 두 줄기 하천이 흐른다. 뒤로는 큰 강이 바닷물과 통한다. 뒤로는 큰 강을 등지고 조수와 통했는데 물맛이 그리 짜지는 않았다. 마을에 우물이 없어서 온 마을에 집집마다 큰 독을 묻어 두고 강물을 길어 독에 붓는다. 며칠 지나면 탁한 찌꺼기는 가라앉고 윗물은 맑고 시원해 여러 날이 지나도 물맛이 변하지 않는다. 오래 둘수록 차가워지며 몇십 년 동안 장기로 병을 앓던 자도 1년만 이 물을 마시면 병의 뿌리를 뽑는다고 기록하고 있다.[34]"

이 정도로 강물은 매우 품질이 좋았다고 기록하고 있다. 강경은 조선 시대 금강변의 최대 교역 시장이 있었다.

....

34) 이중환,《택리지》, 허경진 옮김, 서해문집, 2007년, p.102

《택리지》복거총리 생리(生利) 편에 이 사실이 기록되어있다.

"은진의 강경은 충청도 전라도 양 도의 육지와 바다 사이에 위치하는데, 금강 남쪽 평야 한가운데에서 큰 도회(都會)를 이룬다. 바닷가 사람과 산골 사람들이 이곳에서 모두 교역을 한다. 한 달에 여섯 번씩 열리는 큰 장에는 원근 각지의 물화가 쌓인다."

조선왕조실록의 영조실록 7권에도 은진과 강경은 상선이 집결하는 곳으로 표기될 정도로 상업이 발전된 곳이었다.

이렇게 발전한 강경은 강경에서 공주, 강경에서 대전, 부여로 도로로도 연결되었고, 전주, 군산, 서천으로도 연결되는 중요한 물산의 집결지였다.

조선 후기의 상황을 보면 지방 곳곳에는 농촌 시장으로서 장시가 발달하고 있었는데, 이는 운송교통이 이 시기에 이르러 크게 발달한 것과 밀접한 관련이 있다. 조선 후기사회에서 생산력이 증대되고, 그 잉여 생산물이 처분되면서 자본의 집적이 가능해졌고 이를 매개하는 역할은 운송체계가 담당하였다. 18세기 중엽 이후에는 장시와 장시, 장시와 포구, 포구와 포구가 연계되면서 전국이 하나의 상권으로 형성되어 갔다. 이러한 흐름 속에서 물화의 유통이 활발히 이루어지고 있었는데, 내륙에서는 말에 의한 육운이, 연해안 또는 수로에서는 선박에 의한 수운이 그 일을 담당하였다. 지방에서 상업 도시가 성장한 곳은 서울의 배후 도시로 성장한 개성과 수원, 서울의 공간 확대에 따라 상품유통의 거점으로 변화된 송파장과 누원점(양주) 그리고 감영 소재지로 평양과 대구, 전주, 포구로서 시장권의 기지였던 원산포와 마산포, 강경포 그리고 국제무역의 중심지였던 동래와 의주 등이었다. 이처럼 강경은 강경평야를 배후로 하는 번성한 포구로 자리매김하였다.

(2) 수운의 발전

강경은 금강의 수운과 함께 발전하였다. 금강 수운은 군산에서 출발하여 부강까지 연결되었다. 주요 포구로는 웅포와 입포, 강경, 규암리, 공주, 논산 등이다. 강경까지는 400섬 규모의 선박이 운행할 수 있었고, 군산에는 2,000톤 선박까지 입항할 수 있었다. 이처럼 근대의 강경은 수운과 함께 철도교통이 발전하였다.[35]

강경천은 표식적(標式的)인 메안더(Meander, ㄹ자형으로 흐르는 강)를 만들며 지역의 중간을 통과해 금강에 합류한다. 조수간만의 영향을 받기 때문에 강경천의 입구에 수문을 두어 수위를 적당히 유지시키면서 하역과 관개 모두를 용이하게 했는데 다른 지역에서는 찾아볼 수 없었다.

거룻배는 금교(金橋)에서 하류에 정박한 채 하역하기 때문에 바로 군산항의 기선에 짐을 옮겨 싣는 것이 가능하다. 강기슭에는 정미소가 많아 현미는 연 13만 석을 정미할 수 있었다. 도의 곡물검사소와 강경미곡조합이 있고, 오사카상선의 출장소가 있어 어음거래도 가능해 미곡의 출하에 좋은 환경을 가지고 있었다. 그 생산량은 연 17.7만 석으로 대부분은 금강의 수운에 의해 군산으로 출하되고 철도를 이용하는 것은 일부 결빙기에 한정되어 있었다.

그 후 강경의 수문을 통해 세칭 소화다리까지 배가 와서 창고에 쌀을 보관하고 철도로 수송하였다. 강경에는 매립지가 있었고 생선 배를 위해 얼음 창고(상회)가 강경포구에 있었다. 1930년경 인구는 1만 천 명, 대전에 이어 도내에서 두 번째로 번창한 도시이며 상업학교도 있었다.

금강 유역의 옥토, 즉 내포평야는 예로부터 삼남보고(三南寶庫)의 하나로 꼽힐 만큼 농산물이 매우 풍부하였다. 1911년 총독부의 시정(始政) 초 먼저 이 지방에 개량 미의 파종이 이루어졌다. 소신료쿠(早神力)를 심어본 결과는 성공이었다. 그때부터 쌀 재배면적은 당국의 보호와 장려에 힘입어 급격한 증가세를 보이고 있었다. 그 후 고다마니시키(後多摩錦)나 고쿠료도(穀良等), 신료쿠(中神力) 등의 생산

....

35) 《일본지리풍속대계》, 신광사, 1930년 충청남도 강경편, pp.108~109

은 매년 증가하고 있다. 전 면적에 대한 생산액이 전북에는 미치지 못하지만, 전국에서 두 번째를 차지하고 있다. 한반도의 쌀 품종 개량사는 강경과 논산을 빼고는 논할 수 없을 정도였다.

1911년 철도가 개통된 후로는 옛 향취를 느낄 수는 없지만, 아직도 재래시장다운 면모는 갖추고 있었다. 조금 길을 걷다 보면 거리 대부분이 상점이어서 상업 도시로서의 면모를 유감없이 발휘하고 있었고 시장은 음력 4일, 9일에 열리며, 하루에 모여드는 인원은 약 1만 명 정도로 대혼잡을 이뤘다. 그 거래액은 연간 60만 엔

〈지도 15〉 1916년 강경 지도(국토지리정보원)

에 이르렀고 상점의 거래도 주로 장날에 이루어져 부근의 10개 군을 그 상권으로 두고 있었다.

금강은 하구에서 약 44km의 강경까지 소형 증기선이 다니고, 작은 배는 강구에서 약 135km 떨어진 부강까지 갔다. 주요 포구로는 웅포와 입포, 강경, 규암리, 공주, 논산 등이 있다. 영산강은 하구 목포에서 85km의 방하동까지 운항하였으며, 목포~영산포 간은 소형 증기선이 운항하였다. 이들 강은 매년 동기에는 최장 11월부터 3월까지, 최단 12월부터 2월까지 강물의 결빙으로 두절되는 불편함도 있었다. 강경은 수운과 연결된 수송이 많았다. 1902년 소형 증기선이 강경과 군산의 운항을 시작하였다. 당시 중국과 강경 간의 증기선이 군산보다 앞섰다. 기록에 의하면 400섬 규모의 선박이 강경까지 운항하였고, 군산에는 2,000톤급 선박까지 입항하였다.

1912년 기록을 보면 당시 수운으로 강경에서 금강으로 석성까지 1시간, 규암리 3시간, 부여까지 3시간 30분이 소요되었다. 1927년에는 빠른 배가 투입되어 강경에서 오전 9시와 오후 6시 출항하여 부여까지 소요 시간은 1시간으로 단축되었다. 운임은 편도 95전이었다.[36]

수운으로 많은 물량이 운송된 것도 있지만 배를 타고 왕래가 잦았고, 이를 통해 기독교가 전래된 것도 특징 중의 하나이다. 강경은 1845년 김대건 신부가 서품을 받고 강경으로 들어와 구손오의 집에 유숙하였다. 1896년 2월 9일에는 폴링 선교사 내외와 아만다 카다린 여 선교사가 옥녀봉 지병석 집에 머물면서 한국 최초 강경침례교회를 설립할 수 있었던 것도 수운을 이용하였기 때문이다.

역사적으로 보면 1912년 은진군 김포면(전북 여산군 북일면 일부 편입), 1914년 3월 1일 논산군 강경면으로 개정되었다. 1915년 전북 익산군 망성면 작촌리를

....

36) 조선총독부, 《조선철도연선요람》, 1927년, p.560

일부 병합하였다. 1931년 4월 1일 강경읍으로 승격하였다. 강경은 대전과 함께 읍으로 승격하였다. 강경의 번성은 전국 곡물 연합대회를 강경에서 3일간 개최할 정도로 미곡이 모이는 도시였다.[37] 1931~1933년 금강 하류 개수공사(논산천, 강경천 제방축조)를 하였다. 1936년 3월 채운면 제내리, 산양리, 삼거리, 신촌리 일부가 강경읍에 편입되어 행정구역이 확장되었다. 1996년 3월 1일 논산시 강경읍으로 행정구역이 변경되었다. 강경의 변화는 1902년 순사주재소 설치, 1902년 강경우편취급소 설립, 1904년 삼성병원, 호남병원 개원, 1905년 한일은행 설립, 1906년 전화(강경~군산), 1911년 강경역 설립, 1911년 강경극장 설립, 1920년 강경전기회사, 1925년 노동조합 등이 결성되어 발전을 거듭해 왔다.

강경역은 강경의 역사를 그대로 안고 있다. 한때 역세권의 생산물을 보면 1912년 자료에서 쌀 148,800석, 보리 16,060석, 밀가루 3,400석 등 농산물이 풍성한 지역으로, 수운으로 쌀을 군산으로 수송하였다.[38]

당시 전성기 강경은 포구의 하역을 돕는 노동조합원의 수가 1만 명까지 있었다는 기록이 있다. 강경의 번성을 알 수 있는 것이 법원, 경찰서, 세무서 등이 이곳에 위치한 것에서도 찾을 수가 있다.

당시의 수운으로 많은 물건을 수송했기 때문에 은행도 번성하였다. 근대기에 한호농공은행지점, 한일은행지점, 삼남식산주식회사, 강경신탁주식회사 등 7개의 금융기관이 있을 정도로 번성하였다. 역 주변에도 2개의 여관이 있었고, 숙박료는 특등 5원, 1등 4원, 3등 3원의 요금을 받았다.

그러나 번성한 강경이 쇠락의 길을 걷게 되었는데 그 이유는 철도 개통으로 금강 상류의 강경 상권에 포함되었던 지역이 상권에서 벗어나게 되었기 때문이다. 해방

---

37) 〈동아일보〉, 1926년 9월 11일

38) 조선총독부, 《조선철도역세일반》, 1914년, pp.676~687

후에는 호남고속도로의 개통으로 강경은 그 혜택에서 비켜나갔다. 한때 철마다 생선과 쌀 운반선으로 100척 이상 들어왔던 배도 상류의 토사로 결국 배의 운항이 중지되었다.

3) 철도의 개통과 강경의 변화

(1) 철도의 개통

강경을 통과하는 호남선은 대전과 목포 구간을 잇는 선로로, 그 연선인 충청도와 전라도, 경상도 등 3도 일대의 지방은 예로부터 3남이라 불려왔다. 토지가 비옥하고 곡식과 수산물, 여러 공예품이 풍부한 한반도의 보고로 예로부터 지역 주민과 외지인들 사이에서 개발 수단이 계획되었으나 교통 운수 시설이 정비되지 않아 풍요로운 자원을 개척하지 못하고 있었다.

본선 부설은 이러한 개발을 목적으로 1898년 6월 여러 경위를 거쳐 한국 정부와 부설권에 관한 협상이 체결되었다. 그 후 통감부 시대에 제26회 의회(1909년 12월)의 동의를 얻어서 경원선과 함께 공사를 시작하였다.

건설 노선은 경부선 대전에서 시작하여 가수원, 두계를 거쳐 논산과 강경평야를 지나 금강 하구와 전주평야의 동쪽을 따라 이리에 이르렀으며, 여기서부터 평야를 횡단하여 김제평야의 동쪽으로 나아가 전라남북도 경계에 우뚝 솟은 노령을 통과하여 광주평야로 들어갔고, 송정리, 영산포 등의 여러 읍을 지나 목포항에 도달하였다.

총 길이는 간선 162.3마일(261.2km)과 별도로 이리에서 군산항에 이르는 15.3마일(24.6km)의 지선을 합한 177.6마일(285.8km)로, 비옥한 평야가 많은 금강과 만경강, 동진강 및 송산강 등의 유역을 지나기 때문에 식량 자원 개발상 매우 중요한 선로였다.

해운이 중지되면서 내륙 교통이 발전한 대전과 익산이 성장의 중심이 되었다. 호남선의 개통으로 대전에서 강경까지는 1911년 11월 15일에 개통하였고, 강경에서 익산(이리)까지는 1912년 3월 6일, 강경에서 익산을 거쳐 군산까지는 1912년 3월 6일 개통되어 철도교통을 중심으로 하는 수송 체계가 구축되었다.

〈표 52〉 철도 개통과 강경

구간	연장		기공 년 월	개업 년 월 일
	마일	km		
대전~연산	24.8	39.9	1910. 10.	1911. 7. 10.
연산~강경	13.4	21.6	1911. 3.	1911. 11. 15.
강경~이리	16.8	27.0	1911. 3.	1912. 3. 6.
이리~군산	15.3	24.6	1911. 6.	1912. 3. 6.
이리~김제	11.1	17.9	1911. 12.	1912. 10. 1.

강경역은 호남선 기점 227.1km에 위치하고 있다. 강경역에 대한 증언을 보면 강경역이 크게 번성했음을 알 수 있다. 해방 이전에는 하루 12 왕복(서울 4, 대전 8)하고 한 열차에 여객이 500~600명이 승차할 정도로 역이 번성했다.[39]

강경역은 1911년 11월 10일 보통 역으로 영업을 개시하였다. 역사는 한국전쟁으로 소실되었고 1953년에 신축되었다. 1953년 3월 1일 5급 역으로 승격하였다. 1987년 9월 28일 현재의 역사가 준공되었다. 1994년 1월 1일 소화물 취급이 중지되었고, 2006년 11월 15일 화물 취급이 중지되었다.

한편 강경역에서 상업이 발달한 강경읍내까지 손수레 궤도가 있었다. 경성에 살았던 가타무라 쇼우지로(片村庄次郎)가 1919년 부설 허가를 얻어 강경역과 강경읍내 구간의 손수레 궤도는 그 후 강경미곡신탁(주)이 양도받아 1921년 5월 11

....

39) 〈경향신문〉, 1985년 3월 2일

일 개업하였다. 이 궤도의 부설 허가 길이는 2.1km였는데, 개업은 1.6km의 구간으로 나머지는 실시되지 않은 것으로 여겨진다. 당시 자료에 의하면 강경역에서 시내까지의 운임은 어른이 편도로 15전, 소인이 8전 그리고 4세 이하는 무임이었다.[40]

〈표 53〉 강경궤도의 운영현황

궤도명	연도	연도 말 영업 거리(km)	여객인원(명)	화물 톤수(ton)	수입(엔)
강경궤도 (강경미곡신탁(주))	1921	1.6	8,792	2,000	2,245
	1922	1.6	5,082	3,640	1,624
	1923	1.6	907	832	331
	1924	1.6	4,332	2,961	1,240
	1925	1.6	10,525	4,336	2,141
	1926	1.6	10,946	2,354	1,937
	1927	1.6	10,344	2,065	1,637
	1928	1.6	8,933	1,324	1,338

자료 선교회, 《조선교통사》, 1986년, 자료편, p.172

이 노선은 강경미곡신탁주식회사가 운영하였는데, 강경미곡신탁주식회사는 1920년 8월 23일에 자본금 19만 원으로 설립되었고, 주요 업무는 미곡 매매위탁이었다. 이 회사가 운영한 강경궤도는 주로 미곡과 수산물의 수송에 활용되었다.

강경궤도의 성격은 당시 인력으로 움직인 궤도와 비슷한데, 김제궤도는 쌀, 생기령궤도는 석탄과 점토를 수송하였다.

〈표 54〉 당시 인력으로 움직인 궤도 현황

궤도명	지역	노선	거리	궤간	동력	주기능
김제궤도	전라북도	김제역~김제읍내	2.1	0.610	인력	쌀 수송

....

40) 〈동아일보〉, 1921년 5월 6일

궤도명	지역	노선	거리	궤간	동력	주기능
강경궤도	충청남도	강경역~강경읍내	1.6	0.610	인력	쌀 수송
생기려궤도	함경북도	경성~생기려	7.6	0.610	인력	석탄과 점토
		경성~독신	3.2	0.610	인력	

일제 초 교통정책의 이면에는 전통적인 수송로의 기능을 말살하고 철도, 신작로 등 자신들이 만든 교통로의 기능을 강화하려는 저의가 숨겨져 있었다. 이는 결국 조선의 전통적인 상권을 잠식함으로써 식민지 수탈을 강화하려는 것이었다. 철도 및 신작로가 개설되기 전에 있어서 낙동강과 한강, 대동강 등의 대하천은 물자 수송상 커다란 구실을 하여 운수 계통은 오로지 이들 하천을 근간으로 하고 있었다. 신의주에서의 뗏목과 대동강의 평양을 중심으로 하는 석탄의 반출이라든가, 한강의 마포와 용산을 향한 미곡과 소금의 소항 그리고 금강에 있어서 군산과 강경 사이의 쌀 운송, 낙동강 하류의 미곡수송 등은 특기할 만한 것이었다. 그러나 새로운 운송수단, 특히 철도의 등장은 이상과 같은 수운의 맥을 점차 끊어놓았다.

1915년에서 1928년에 걸쳐 조사된 결과만 하더라도 생활필수품인 소금과 생선, 잡화류는 하천을 통해 내륙으로 수송되고 강경으로 돌아올 때는 곡물과 목재, 석탄, 연초류를 반출하고 있었다. 1912년의 자료를 보면 강경의 반출화물인 쌀과 콩은 서울과 군산, 일본으로 수송되었고, 이는 철도와 배를 이용하여 수송되었다. 보리는 주로 배를 통해 완도, 안면도 등으로 수송되었다. 반입화물의 경우 쌀 등 농산물은 주로 철도와 배로, 생선 등은 부산이나 군산으로부터 선박과 배편으로 수송되었다.

철도수송의 경우 1913년 강경역 자료를 보면 승차 인원이 57,202명, 하차 인원이 55,575명, 발송화물은 7,351톤, 도착 화물은 4,471톤이었다. 여객수입은 39,636원, 화물 수입은 23,975원이었다. 화물의 경우 발송화물이 많은 것을 알 수 있어 이는 수운을 통해 반입된 화물이 내륙으로 수송되고 있음을 알 수 있다.

같은 해의 대전과 비교해 보면 대전은 승차 인원이 74,302명, 하차 인원이 73,708명, 도착 화물이 22,309톤, 발송화물이 38,716톤에 비하면 적었지만, 여객의 경우는 대전이 경부선과 호남선의 분기라는 점을 감안한다면 호남선에 위치한 강경역의 경우 많은 승객이 이용했음을 알 수 있다.

철도화물의 내용을 보면 발송화물은 1912년도에 소금이 1,570톤, 소금에 절인 생선 1,124톤, 미곡 987톤 순이었다. 도착 화물은 명태 439톤, 채소 344톤, 쌀 249톤으로 생산과 미곡이 중심인 것을 알 수 있다. 창고는 철도역 창고가 247평, 민간창고가 500평 정도가 있었다.

1927년 자료를 보면[41] 강경의 발송화물의 주 화물은 쌀로 연간 약 62,000석이며, 도착지는 서울과 천안, 조치원, 대전, 대구, 인천, 마산, 군산, 광주, 전주 등 전국으로 향하고 있다. 도착 화물은 서울과 대전, 부산, 인천, 만주와 일본에서 들어왔다. 여객의 경우도 서울과 대전, 목포, 군산, 전주, 광주 등으로부터의 이동이 많았다. 당시 쌀은 강경을 통해 전국 쌀 생산량의 36%를 강경을 통해 일본이 수탈해 갔다. 강경에는 번성기에 하야시정미소 등 7개의 정미소가 있었다.

당시의 이러한 번성으로 산업과 금융이 발전하였다. 1927년 자료에 의하면 산업으로는 남선상사신탁주식회사(위탁도매업), 강경수산주식회사(수산업), 강경미곡신탁주식회사(미곡업), 호남연초주식회사(연초업), 강경전기주식회사(전기), 국무회합자회사지부(농업), 주식회사 삼익사(마와 포 그리고 수산업) 등이 있었다.

금융업으로는 식산지점, 한은지점, 강경조합, 채운조합이 있었다. 강경조합 조합원은 310명, 채운조합 조합원은 690명에 달하였다. 이중 가장 큰 식산지점은 대출액 7,991,450원, 예금액은 8,320,951원에 달하였다. 당시 강경시장의 거액은

....

41) 조선척식자료연구회, 《철도연선요람》, 1927년, pp.557~560

강경역 앞 미곡창고

50만 원 정도로 조선 3대 시장에 해당하였다. 이러한 번성으로 강경에는 전등과 전화, 수도 등의 문화시설과 공주지방법원지청과 경찰서, 우편국, 면사무소, 미곡 검사소, 상업학교(148명 재학), 심상초등소학교(241명), 보통학교(890명) 등이 있 었다.

정리해 보면 강경은 조선 시대부터 1900년 초반까지는 수운을 통해 강경에서 군산을 경유하지 않고 직접 인천과 부산으로 물자를 수송하였는데, 철도가 개통 된 후에는 강경의 물자 수송은 수로와 철도수송을 통하여 이루어졌다. 금강 유역 의 경우는 수운의 이용 비율에서 점차 철도의 이용 비율로 높아졌다. 이러한 예로 는 만경강과 동진강 수로를 이용하던 곳들도 철도를 이용하게 되었다는 것에서 비 슷한 예를 발견할 수 있다. 동진강 유역의 김제와 금구지역도 수운에서 점차 철도 수송량이 증가하였다.

강경을 중심으로 한 화물 수송은 크게 해양에서 들어오는 군산~강경 구간과 부강내륙까지 이어지는 강경~부강 노선으로 구분된다. 경부선과 호남선, 군산선, 장항선 등의 개통으로 인하여 내륙 수송에 많은 변화가 있었는데, 특히 금강 중류의 포구 역할을 수행했던 강경을 기점으로 하는 수송, 즉 강경~부강 강운 노선의 경우 경부선 부강역을 이용하여 서울과 부산에서 직접 수송이 가능함에 따라 이 노선은 급격하게 쇠퇴하게 되었다.

철도 개통 이후에도 군산항을 중심으로 하는 미곡의 반출을 위하여 군산~강경 구간의 수운은 독점적인 지위에서 철도의 개통에 따라 상호 보완적이었으며, 특히 대형선박의 운항이 가능했던 이 구간의 경우 초기에는 그 점유율이 높았지만, 점차 감소하는 경향을 나타내고 있다.

철도와 수운에 대한 운임에서 미곡의 선적에 따른 선적비와 실제 수송에 따른 운임에서도 철도가 수운보다 약간 높은 것을 알 수 있다.

〈표 55〉 철도와 수운의 운임 비교

군산~논산(미곡 100석)		군산~강경(미곡 100석)	
철도 선적비	철도 운임	기선 선적비	기선 운임
30원 4전	21원	27원 24전	17원

자료 M.Y.Kim(2006), The Rise and Fall of water Transportation at Keum River in the beginning of the 20C's and Regional Socio-Economic Historical Significations, Journal of Korean Regional Development, Vol. 6, No. 1, 2006년 8월, p.33

미곡 이외 식염이나 건어물, 수산물 등의 경우에도 점차 철도의존도가 증가하였는데, 이것은 미곡보다 가벼우므로 수운과 철도의 요금 차이가 발생하지 않아 철도로의 이용이 점차 늘어난 것으로 판단된다.

여객 수송에서도 강경~군산 구간은 기선과 발동기선 3척이 주를 이루고 있었는데, 호남철도가 개통되면서 점차 철도의존도가 높아져 1912년에는 수운의 노선이 대부분 폐지되었다.[42]

(3) 강경의 변화

강경은 철도수송이 시작되면서 이를 통해 화물과 여객이 이동하기 시작하였다.

호남선 연결로, 강경으로부터 대전으로의 철도를 이용한 수송이 시작되었다. 철도 개통 직후인 1913년의 경우 강경에서 대전으로 생선, 건어물, 명태, 소금 등이 반입되었다.

〈표 56〉 강경으로부터 대전의 철도 반입 품목(1913년)

(단위 : 톤)

품명	산지 및 발송지	수량	최다 반입 시기
생선	군산, 초량, 강경	297	
건어물	부산, 초량, 강경	254	
명태	부산, 초량, 강경	225	
소금	인천, 군산, 진남포, 강경	1,462	10월, 11월 및 3월, 4월

자료 조선총독부 철도국(1914), 《조선철도역세일반》, pp.332~340

1920년의 철도화물 통계를 보더라도 강경역은 전국에서 화물 수송 면에서 46위로 성장하였지만, 점차 내륙도시의 발달로 1930년과 1937년에는 50위권 밖으로 밀리게 되었다. 1930년대에 이처럼 강경이 쇠퇴한 이유는 1930년대에 철도망이

----

42) M.Y.Kim(2006), The Rise and Fall of water Transportation at Keum River in the beginning of the 20C's and Regional Socio-Economic Historical Significations, Journal of Korean Regional Development, Vol. 6, No. 1, 2006년 8월, p.34

전국적으로 확대되면서 내륙중심의 1일 경제권의 형성으로 광범위한 유통 체계가 구축되었기 때문이다.

1930년대에 건설된 철도로는 용산선(1929), 북청선(1929), 함북선(1929), 웅진선(1930)과 김천에서 안동까지 118.1km의 경북선(1931), 토해선(1932), 송흥선(1933), 수인선(1937), 장연선(1937), 강원도 양양에서 안변까지 192.6km의 동해북부선(1937), 길주에서 혜산까지 141.7km의 혜산선(1937) 등이 건설되었다. 또한 당시 사설철도 건설이 가장 활발하였다. 경북선과 경춘선, 전라선, 경전선, 금강산선, 다사도선, 단풍선, 도문선, 평덕선, 송흥선, 수려선, 수인선, 웅진선, 장연선, 장진선, 충남선, 토해선, 평북선, 평안선, 해주선 등이 1930년대에 개통되었다. 우리나라 철도의 영업 거리는 1930년 이후 많이 늘어나서 1930년 3,572.3km에서 1940년에 5,928.9km로 약 2,400km나 증가하여 내륙 교통로가 완비되었다.

<표 57> 철도 영업 거리 증가 상황(1910년~1945년)

(단위 : km, %)

내용 / 연도	국철			사철			합계	증가	
	건설	매수 임대·양도	계	건설	매수 임대·양도	계		길이	비율
1910년 3월 말	1,030.4		1,030.4	9.3		9.3	1,039.7		
1925년 3월 말	2,092.6		2,092.6	613.5		613.5	2,706.1	1,666.4	160.1
1930년 3월 말	2,483.6	267.9	2,751.5	1,088.7	△ 267.9	820.8	3,572.3	866.2	32.0
1935년 3월 말	3,299.0	106.9	3,405.9	1,356.2	△ 106.9	1,249.3	4,655.2	1,082.9	30.3
1940년 3월 말	4,140.6	278.1	4,418.7	1,788.3	△ 278.1	1,510.2	5,928.9	1,273.7	27.4
1945년 8월 말	4,787.8	446.7	5,038.3	1,631.2	△ 446.7	1,380.7	6,419.0	490.1	8.3
		△ 196.2			196.2				

비고 1. 영업한 거리는 총괄 영업 거리
    2. 매수 등의 난은 1925년도 이후만 계상

3. 196.2km는 상삼봉~웅기 구간 183.3km의 양도와 북평~삼척 구간 12.9km의 업무 위탁의 합계이다.

4. 1935년, 1940년 3월 말 국철의 영업 거리에는 만철 위탁선 328.5km를 포함한다.

자료 《조선총독부 통계연보》를 통해 작성

강경역 사진(1953년 신축, 1985년 3월 12일 촬영)

강경역(1987년 신축)

한편 대전의 경우 경부선과 호남선 개통으로 점차 내륙 교통의 중심이 되었고 부강 등을 통한 수운 운송은 쇠퇴하였다. 점차 철도교통의 발달로 내륙중심의 발달이 가속화되어 강경은 점차 이에 편입되는 현상을 보였다.

철도가 발달하기 전의 강경포구 근처에 시장이 있었다. 포구에서의 생선 등이 수운이 쇠퇴하면서 철도로 아침에 6시 통학 열차를 통해 대전과 이리 등으로 수송했다고 주민들은 증언하고 있다. 강경역 여객과 화물은 인구의 쇠락과 함께 감소하였다.

강경은 점차 철도 중심의 내륙 대전과 이리에 흡수되어 점차 침체의 길을 걷게 되었다. 1921년 강경에 있던 동양척식회사가 대전으로 이전하는 등 많은 기관이 대전으로 이동하였다. 1921년 강경역의 화물 취급 금액은 철도가 5천 원, 수로가 3천 원으로 철도가 많아졌다.[43] 이는 도시의 발전과 연계되어 대전의 경우 1925년 인구는 8,613명에서 1935년에는 39,061명으로 4배 이상 증가한 것에 비해 강경은 1920년 인구는 7,209명에서 1935년에 13,682명으로 약 2배에 그치고 있다.

역의 철도화물 취급을 보면 대전의 경우 1926년에 117,214톤에서 1940년에 166,399톤으로 증가하였다.

한편 강경의 경우는 1927년에 30,848톤, 1935년에 29,382톤으로 감소하였다.

강경의 경우 우리나라 상위 50개의 여객 취급 역 중 1920년에 15위에서 1930년에 32위, 1940년에 40위로 순위가 하락하였다.[44]

이를 정리해 보면 강경읍의 발전기는 조선 시대에서 철도가 개통되기 이전인 1910년경, 그 후는 정체와 쇠퇴기로 1970년 이후 더욱 침체기를 겪고 있다.

....

43) 호남일보사(1932), 《충청남도 발전사》, p.53

44) 허우긍(2010), 《일제강점기의 철도수송》, 서울대학교 출판부, pp.224~225

철도화물의 경우 강경의 수운이 기능한 초기 1910년경에는 강경의 수운으로 반출하기 위해 철도로 도착 화물이 많았다.

그 후 호남선의 전선 개통으로 1914년부터 1920년까지도 발송화물이 많아졌다.

한편 1920년대 후반까지도 수운을 이용하기 위한 발송화물이 많았지만, 수운이 쇠퇴하기 시작한 1920년대 후반부터 발송화물보다는 도착 화물이 많아지기 시작하였다. 이는 강경이 지역의 물류 및 유통에 편입된 사례라고 하겠다.

강경은 수운에서 철도로 내륙중심의 수송으로 바뀌면서 서서히 쇠퇴하기 시작하였다. 다만 최근인 1990년의 경우는 성신양회(연무대역)의 물량으로 증가하였다.

〈표 58〉 강경읍과 강경역의 변화

연도	인구(명)	여객(명)	철도화물(톤)	특징
1920	7,209	112,777	11,822	
1925	11,248	292,837	24,514	
1927		279,957	30,848	
1930	12,729	305,926 (1928년)	25,473 (1928년)	1931년 강경읍으로 승격
1935	13,682	296,613	29,382	
1940	14,636	–	–	
1955	22,311	–	–	
1966	26,247	1,165,811	39,910	
1970	23,668	875,466	37,959	1970년 금강 수운 완전 폐지
1980	21,792	1,116,467	26,296	
1990	20,510	794,377	39,807	군 전용선과 성신양회 전용선 개통 영향으로 거의 도착 화물임
2000	13,422	479,621	11,931	
2010	10,402	369,697	472	
2019	8,926	–	400	

주 강경역은 2006년 화물 취급을 중지

자료 '조선총독부통계연보' 통계청, '통계 포털' 철도공사, '철도통계연보'

이와 비슷한 사례는 일본에서도 발견되는데, 700년경부터 비와코와 오사카만을 연결하는 도네가와는 교토와 오사카를 연결하는 대동맥으로 기능하였다. 이 강으로 나라의 절 건설이나 목재 등을 배로 운반하였다. 하지만 1890년경부터 이 지역에 철도가 부설되면서 수운이 쇠퇴하기 시작하였다. 그중 한 도시가 나가하마인데 이 도시는 예전부터 수운을 통해 오쓰까지 화물을 수송하였다. 그런데 1883년에 철도가 개통되어 수운이 침체하기 시작했다. 철도의 경우도 주변 지역의 큰 도시에 그 영향력이 편입되어 발전이 정체 상태에 있다. 1920년의 인구가 10만 명에서 1940년까지 거의 정체되어 있다가 지금도 인구는 11만 명 정도에 머무르고 있다.

4) 맺는말

조선 시대까지 번성한 강경은 수운을 통해 발전해 왔다. 호남선 개통으로 일제 강점기에 철도와 함께 발전한 강경은 수운이 쇠퇴하면서 성장이 정체되었고, 그 후 쇠퇴의 길을 걸었다.

강경과 강경역은 그 운명을 같이하여 전성기 약 3만 명에 육박한 강경은 이제 1만 명 이하의 인구로 감소하였다. 여객 취급도 최고는 연간 50만 명의 수송에서 이제는 18만 명 정도로 감소하였고, 화물은 취급이 중지되었다.

강경은 수운이 발달한 지역이 철도가 개통되면서 수운이 쇠퇴하고 내륙 수송의 기능이 더 번성한 다른 지역에 빼앗겨서 지역이 전반적으로 침체한 독특한 사례라고 하겠다. 강경은 수운이 발달한 지역으로서 철도가 개통되면서 그 기능이 급격하게 감소하였는데, 이는 내륙 수운의 역할을 철도가 대신한 것이다.

강경은 자체의 화물 및 여객 수송수요를 가지고 있었고, 내륙 수운과 해운과의 연결로 이를 수송하였으나 내륙 수운(강경~부강 등)의 기능이 철도로 전환됨에 따라 전체적으로 수운을 통한 운송기능이 약화되었다고 볼 수 있다. 이 경우 대량화물이 수송되는 해운(강경~군산~인천, 강경~군산~일본 등) 구간의 경우에는 그 물동량이 계속 증가하는 시기였기 때문에 수운과 철도의 보완관계로 지속되어 수운에서 철도로의 화물 전환이 조금씩 발생하였다. 그러나 내륙 수운의 경우 기본적으로 수송물량이 적고 대체 노선의 발달로 인하여 그 기능이 급격하게 축소되어 전체 물동량도 급격하게 감소하게 된 것이다.

강경지역에서 철도의 성쇠는 다른 지역과 마찬가지로 여객 및 화물의 수송물량이 많은 시기에는 매우 번성하였으나, 수송물량이 감소함에 따라 급격하게 쇠락하는 패턴을 보인다. 이는 기존의 수운 물량을 강경역이 위치한 호남선이 완전히 대체한 것이 아니라 타 철도 노선인 경부선 부강역 등이 발달함에 따라 강경역의 화물감소는 더욱 크게 나타난 것으로 분석된다.

7. 장항

1) 문제의 제기

장항선의 역사와 장항의 발전을 조명하는 데 있어 역사적으로 장항선의 시작을 이해해야 한다. 장항선은 사설철도로 조선경남철도주식회사(이하 경남철도)로 출발하였다. 여기서는 장항선의 역사를 조명하는 데 당시 철도 상황을 이해하고 그 연장선상에서 장항의 위상을 살펴보고자 한다. 특히 역사적인 발전과정을 통해 장항을 이해하고 현재와 미래를 전망해 보고자 한다.

장항의 발전과 철도의 대략적인 흐름을 보면 다음과 같다. 1928년에 경남철도 정거장이 장항리로 결정되었고 1929년 간척지 공사가 시작되었다. 1931년 8월에

경남철도가 개통되었고 1932년 장항항이 개항하였다. 1936년 6월 장항제련소가 점화되었고 1938년 장항이 읍으로 승격하였다.

그리고 해방 이후 1945년 장항제련소 운영이 중단되었고 1955년 철도 국유화 정책에 의해 장항선으로 개명되었다. 1957년 이승만 대통령이 장항을 방문하였고 1961년 박정희 의장이 방문하였다. 1962년 한국광업제련공사가 재가동하였고 1979년 1월 제련소 굴뚝을 재건축하였다.

1989년 이후 장항은 쇠퇴기를 겪게 되는데, 1989년 장항제련소가 폐쇄되고 1993년 금강하구둑이 완성되었다. 이로 인해 2009년 11월 장항과 군산 간의 도선이 정지되었고 2010년에 장항역의 여객 취급이 정지되었다.

2) 장항역의 발전과정

1937년 발행된 자료를 보면 장항의 인구는 1931년에 1,256명에서 1936년에 7,856명으로 급격하게 증가하였고, 장항역은 1933년에 승하차 여객이 15,129명에서 1936년에 30,740명으로 증가하였다. 군산과 연결되는 장항잔교역은 1936년에 승차 인원 4,530명, 하차 인원 628명으로 군산으로의 승객이 많았음을 알 수 있다. 철도의 중요성과 함께 장차 장항~부여~공주~조치원으로 연결하는 충남 중앙선의 건설을 추진하여야 한다고 주장하였다. 아울러 장항의 발전에는 군산과의 협력관계가 중요하다고 언급하면서 오사카와 고베를 예로 들었다.[45]

1937년 장항선의 여객과 화물 취급량을 보면 화물의 경우 장항역에서 가장 취급량이 많았음을 알 수 있다.

....

45) 阿部薫(1937), 《延び行く長項》, 경성 : 민중시론사, pp.14~38인용

〈표 59〉 장항선의 여객과 화물 취급량(1937년)

여객(%)	화물(%)
온양온천 19.1	장항 34.7
예산 9.7	예산 16.1
천안 8.1	삽교 8.2
홍성 7.6	온양온천 7.2
광천 6.3	홍성 6.8
삽교 6.0	광천 4.6
장항잔교 4.5	천안 3.8
대천 4.4	장항잔교 2.4
서천 4.3	대천 2.1
신례원 3.7	판교 2.0
합계 73.6	합계 87.9

자료 허우긍(2010), 《일제강점기의 철도수송》, 서울대학교 출판문화원, p.187

　　장항역의 발전과정을 보면 1930년 11월 1일에 보통 역으로 영업을 개시하였다.

　　개통 당일의 상황을 보면 축하객은 경성에서 호남선으로 군산까지 왔으며, 군산에서 배로 10시에 출발하였다. 장항까지 약 15분이 소요하였다. 축하 열차는 장항에서 판교까지 왕복하였다. 소요 시간은 왕복 2시간이며 개통식 당일 1시에 장항역에 돌아왔다. 장항역 개통으로 충청남도와 전라북도를 연결하는 중요한 노선이 개통되었으며 쌀 수출이 많을 것으로 전망하였다.

　　1964년 10월 1일에는 대전~장항 간에 급행열차가 운행되었다.

　　그 후 1976년 9월 15일에 역사를 준공하였고, 1991년 10월 24일에 역사를 증축하였다. 1991년 11월 25일 새마을호의 운행을 개시하였고, 2008년 1월 1일 장항선 직선화로 역을 이설하였다.

　　이처럼 장항선은 장항을 발전시키는 데 결정적인 역할을 하였다. 장항역은 장항선의 종점이며, 군산과 연결되는 시점으로 철도를 통해 성장하였다. 당시 군산항

군산역 준공(1912년 3월 6일)

으로 부족한 물자 수송을 장항이 담당한 것이다. 쌀과 자원 수송이다.

　장항선의 개통은 1937년 장항제련소의 완성, 1938년 장항읍으로의 성장과 매우 밀접한 관련이 있다. 철도의 개통으로 지역이 발전한 예는 우리나라의 대전과

이승만 대통령 장항 방문(1957년 11월)

장항(1964년)

대전~장항 간 급행열차 개통(1964년 10월 1일)

평택, 신의주 등 많은 지역이 있다. 1964년 7월 11일 장항은 충남 유일의 1종 항
구로 지정받아 발전해 왔다.

이러한 장항의 발전으로 철도역 주변으로 미곡창고(2014년 근대 문화유산 지

장항역 준공(1976년 9월 15일)

장항역 이설 준공(2008년 1월 1일)

정)와 조선정미소, 곡물검사소가 자리 잡았고, 장항항 주변으로 사택 촌과 광양조
선공업, 한양여관이, 장항제련소 주변으로는 사택과 황금정 마을이 위치하게 되
었다.

　장항이 발전하면서 인구 증가와 노동자들의 증가로 상권이 활발하게 되어 지역
경제는 매우 활기를 띠게 되었다. 15분이면 이동하는 군산은 서로 발전할 수 있는
좋은 입지적인 여건이었다.

3) 장항의 현재와 미래

　2015년 현재 철도 여객 수송은 경부선, 호남선, 전라선, 장항선 순으로, 장항선
은 대표적인 간선 중의 하나이다. 장항선의 2015년 분담률은 전체의 5.19%를 차
지하고 있다. 장항선의 화물 주요품목은 양회와 석탄, 철재 등이며, 운행횟수는 1

구 장항역과 새마을호 열차

일 14회이다. 장항선은 서천화력발전소에서 필요한 석탄 등의 물량이 수송되고
있다.

　제3차 국가철도망 계획을 보면 장항선 복선전철화의 추진(신창에서 웅천까지 복
선전철화와 웅천과 대야를 연결하는 단선전철화를 추진 중)과 홍성을 통해 서해선
복선전철(홍성~송산 90km, 2022년 12월 완공 예정) 완공으로 수도권(소사~원
시~대곡)으로 신속하게 연결될 것으로 기대된다. 이 노선은 남과 북이 연결될 경
우 경의선으로 직결할 수 있어 밝은 미래를 전망할 수 있을 것이다.

　또한 국내외 사례를 보면 일본의 신 아오모리역의 특산물센터 사례와 함께, 최
근 대구와 군산, 순천, 포항 등의 근대 문화유산을 소재로 한 관광사업은 의미가
있을 것이다.

　최근의 철도를 이용한 성공사례를 보면 순천시 조곡동 철도관사촌 사례이다. 이
관사촌은 1936년 전라선 개통과 철도사무소가 순천에 개설됨에 따라 종사원을 위

해 조성된 대규모 주택단지이다.

철도관사촌은 순천역 인근에 십자형 도로를 중심축으로 4등~8등 관사가 140여 호 조성되어 인근에 철도운동장, 철도병원 등이 함께 조성된 근대적인 마을이었다. 철도병원 주변에는 의료진 숙소도 함께 건립되었다. 일제강점기의 등급 기준에 따라 4등 관사에서 8등 관사로 분류되고 있다. 조선에서는 2등 관사는 조성되지 않았고, 3등 관사는 용산과 평양에만 건축되었다. 조곡동의 관사는 지형 또는 기능을 고려하여 상급관사와 하급관사가 위계를 갖춰 건축되었다. 복지시설도 일반인의 접근이 고려된 운동장과 병원은 진입부에 두었고, 상대적으로 관사 구성원의 지원시설 성격이 강한 구락부, 수영장 등은 부지의 상단에 배치하였다.

시설현황을 보면 중앙에 철도구락부(철도회관)와 공동 목욕탕, 수영장이 배치되었고, 철도관사 입구에 철도병원과 운동장, 합숙소, 기숙사, 배급사가 위치하였다. 8등급 48세대, 7등(갑) 28세대, 7등(을) 56세대, 6등 11세대, 5등 8세대, 4등 1세대로 총 77동(독립관사 2동) 152세대로 구성되었다.

통상 동일한 등급의 관사로 연립되어 건립되었으나, 6등 관사와 7등(갑) 관사가 1동으로 연립되어 있는 경우도 2동이 건립되었다.

철도병원 근처의 관사는 철도병원 직원을 위한 관사로 건축되었다. 높은 위치로 갈수록 위계에 맞게 상급관사가 배치되었고, 모든 세대가 남향으로 배치되었다. 5~8등의 관사는 2호 연립형으로 건립되었고, 4등 관사(사무소장 관사)는 단독형으로 건립되었다. 그리고 4등 관사 이외에 6등 관사 1동이 독립으로 건설된 사례가 있다.

현재 철도사무소장 주택인 4등 관사는 철거되어 아파트로, 철도병원은 교우회관으로 사용되다가 철도아파트로, 구락부(철도회관)는 철우회 사무소로, 승무원기숙사는 철거 후 다시 건축하여 사용하고 있으며, 철도운동장은 현재에도 사용되고 있다.

4등 관사는 당시 철도사무소장이 거주하던 곳으로, 관사는 평면이 전형적인 중복도형 관사의 형태를 띠고 있다. 남쪽 복도에 가족들의 생활공간, 북쪽에는 고용인들의 거처와 부엌, 욕실 및 화장실 등이 배치되어 있다. 북쪽 현관 옆에 양식의 응접실과 응접실에 붙어 있는 손님을 위한 화장실이 있으며, 중문으로 접객 공간과 거주 공간이 구분되고 있다. 5등 관사와 6등 관사는 2호 연립 또는 독립으로 현관은 북쪽에 위치하고 5등 관사의 경우 남쪽 전면에 내실화된 베란다가 보인다. 크기가 다른 방들이 ㄱ자 형태로 연속된 전통적인 일본식 주택의 형태를 취하고 있다.

중앙에 중복도로 동선을 처리하면서 거주 부분과 중속 부문인 욕실과 실내 화장실의 영역 분리가 보이며 부엌은 남쪽에 계획되어 있다. 7등 관사는 순천철도병원에서 사용된 것으로 방이 연속되는 일본의 전통 주거형식을 하고 있다. 북쪽의 현관 좌우로는 방이 배치되어 있고, 남쪽에는 부엌이 계획되었다. 8등 관사는 2개의 방이 연속되는 전형적인 일본 주택형으로 부엌과 화장실만의 구성으로 계획되었다.

순천시는 이를 소재로 하여 2014년 창조지역사업 순천시 철도문화 마을 만들기 사업(지역 발전위원회, 농림식품수산부 공동사업)으로 선정되었다.

추진목적은 일제강점기 철도종사원의 집단 거주지인 철도관사마을을 현재의 시선으로 조명하고 도심 재생사례로 발전시키고자 했다.

사업의 시작은 조곡동주민자치위원회에서 2011년 1년간에 걸쳐 조곡동 철도관사에 관한 이야기 찾기를 시작하였고, 그 결실로《우리 마을 이야기》책자가 2012년에 발간되었다. 그리고 순천시에서는 이를 창조지역사업으로 추진하여 현재에 이르고 있다. 개요를 보면 사업 기간은 2013년 3월에서 2015년 10월이며, 사업비는 8백만 원(국비 3백만 원, 지방비 4백만 원)이었다.

사업내용으로는 공동체 회복을 위해 철도문화아카데미와 마을 예술학교, 문화돌봄프로그램을 운영하는 것이었다. 또한 철도관사 게스트하우스, 철도마을박물관 운영, 기념품 개발과 판매, 마을 여행센터 운영, 마을 해설사를 육성하였다.

마을 예술학교와 문화 돌봄 프로그램 운영은 구체적으로 마을 예술학교(철도관사 집수리, 공공미술 참여, 기념품 개발)와 문화 돌봄 프로그램(방과 후 학교, 토요 영화제, 부모 커뮤니티 사업 등)을 운영하였다. 철도관사 게스트하우스 및 철도 마을박물관 조성은 일본 다다미방, 일본식 정원을 가미한 머무는 공간의 조성과 철도 역사 문화자료를 통한 마을박물관을 조성하고, 운영은 순천시가 게스트하우스를 리모델링 후 마을협동조합에 무상 임대하여 마을 협동조합방식으로 운영하는 것으로 되어 있다.

이러한 좋은 사례를 참고하여 구 장항역을 근대 장항 역사 자료 전시관으로, 장항제련소 등을 근대산업 유산으로 소개하는 등 다양한 소재가 있어 가능할 것으로 판단된다. 관사촌을 이용한 삶의 모습, 제련소와 관련한 노동자들의 삶의 재현도 의미가 있을 것이다. 2007년 군장산업단지 지정과 함께 군산과 연계하는 근대문화유산 관광자원 관광도 고려해 볼 만하다.

4) 맺는말

장항선의 종단역인 장항은 1938년 장항읍으로 승격되었다. 당시 2만 명이 넘었던 인구는 2017년에 12,280명으로 오히려 감소하였다.

향후 발전을 전망해 보면 국가산업단지로서의 확대된 역할과 2022년 완공되는 장항선의 복선전철화 완공으로 서울과 1시간 30분이면 연결된다. 현재 논의 중인 대천과 부여, 공주, 조치원을 연결하는 철도 노선 건설 추진 등으로 발전이 가속화될 것으로 전망된다.

향후 장항의 철도와 삶의 변화를 조명하는 작업이 필요할 것이다. 철도 이전과 이후의 지역과 상권변화 등이 분석되어 과거와 현재를 조명하고 미래를 설계하는 근거가 되어야 할 것이다.

8. 황간

1) 황간의 역사와 교통

황간역은 충북 영동군 황간면 하옥포2길 14호(마산리 42번지)에 위치한 역으로 경부선 서울 기점 227km, 부산 기점 217.4km로 경부선의 중간지점에 위치하며 해발 223m에 위치해 있다.

황간면의 역사를 보면 이 지역은 황간현(黃澗縣)에서 유래하며 신라 시대까지 거슬러 올라간다.[46] 황간은 물이 채워진 골짜기라는 유래를 가지고 산과 물의 지역이며 교통의 요지이다. 북쪽으로 백화산, 남쪽으로 황학산이 자리 잡고, 이들 산

....

46) 신라 때 소라현으로 소라천 위에 세워졌었고, 그 내의 이름 또한 소라천으로 지금 광평마을 앞의 냇물이다. 신라 경덕왕 때 이름을 고쳐 황간이라 하고 영동군에 속하게 했다. 고려 현종 9년(1018년) 경상도 경산부(현 경북 성주)에 소속되어 감무를 두었다. 고려 말 추풍령 일대에서 왜구들이 노략질과 겁탈을 일삼아 사람들이 두려워하여 살기를 꺼렸다. 또한 이곳은 소나무와 참나무가 하늘에 닿을 듯 무성하고 맹수가 출몰하여 단신으로 통행하기 어려운 곳이었다. 때문에 관기를 임산, 궁촌에 옮겨 설치하기도 했다. 조선 태종 13년(1413) 경상도에서 충청도로 이속시키고, 다음 해(1414)에 청산현과 합쳐 황청현이라 하고 사군봉 아리현청을 설치했다가, 후에 황계현으로 불렸다. 동왕 16년(1416) 황간과 청산을 다시 복귀시켜 현감을 두었고 현감 이은이 읍성을 장천위 산기슭에 설치하였다. 선조 26년(1593) 현감 박몽열이 진주성 싸움에 패하고 한 사람도 살아오지 못하였으므로 현을 폐하여 청산현에 편입시켰다가, 광해군 13년(1621) 다시 황간현으로 복귀시키고 현종 15년(1674) 현감 윤가가 옛 황청현 자리에 관기를 옮겨 세웠다. 1895년 5월 26일 황간현이 황간군이 되었고 읍내면이 군내면으로 되었다. 1906년 9월 24일 칙령 제49호로 남면은 경상북도 금산군에 이속시키고 금산군의 황금소면을 황간군에 병합하였다. 1914년 3월 1일 군, 면 통폐합에 따라 황간군을 폐지하고, 황간군의 이름을 따서 황간면이라 했다. (출처 : 〈황간현읍지〉. 1823년(순조 23년) 편찬

지에서 각각 발원하는 석천(石川)과 송천(松川)이 서쪽으로 흐른다. 육로를 따라 경부 간의 철로와 고속도로가 통과하여 추풍령으로 이어지는 소백산맥 준령을 이루고 있다.

세종실록지리지(세종실록 149권, 지리지 충청도 청주목 황간현)를 보면 다음과 같이 기록되어 있다.

"본래 신라의 소라현(召羅縣)인데, 경덕왕(景德王)이 지금의 이름으로 고쳐서 영동군(永同郡)의 영현(領縣)을 삼았고, 고려 현종(顯宗) 9년에 경산부(京山府) 임내에 붙이었다. 공양왕(恭讓王) 경오에 비로소 감무(監務)를 두었으며, 본조 태종 14년 갑오에 청산(靑山)에 합쳐서 황청(黃靑)으로 고쳤다가, 병신에 다시 갈라서 황간현감(黃澗縣監)을 두었다. 사방 경계는 동쪽으로 금산(金山)에 이르기 9리, 서쪽으로 영동(永同)에 이르기 22리, 남쪽으로 영동에 이르기 13리, 북쪽으로 상주(尙州)에 이르기 8리이다. 호수가 3백8호요, 인구가 7백42명이다. 군정은 시위군이 29명, 수성군(守城軍)이 4명, 선군(船軍)이 91명이다. 토성(土姓)이 6이니, 한(韓) · 견(甄) · 손(孫) · 곽(郭) · 심(沈) · 전(全)이요, 망래성(亡來姓)이 1이니, 백(白)이요, 속성(續姓)이 2이니, 이(李) · 김(金)이요, 금화(金化)의 속성(續姓)이 1이니, 임(林)이다.

땅이 메마르며, 기후가 많이 차다. 간전(墾田)이 1천7백25결(논이 10분의 5이다)이요, 토의(土宜)는 오곡과 배나무이다. 토공(土貢)은 꿀 · 밀[黃蠟] · 석이(石茸) · 호도(胡桃) · 대추 · 칠(漆) · 족제비털[黃毛] · 지초(芝草) · 수달피 · 삵괭이 가죽이요, 약재(藥材)는 산영양뿔[羚羊角] · 승검초뿌리[當歸]요, 토산(土産)은 송이[松茸]이다. 읍 석성(邑石城) 둘레가 3백58보 2척이며, 안에 우물 하나가 있는데, 겨울이나 여름에도 마르지 아니한다. 역(驛)이 1이니, 신흥(新興)이요, 봉화가 2곳이니, 눌이목[訥伊項]이 현의 동쪽 금화(金化)에 있고, 현의 동쪽 소이산(所伊山)이다."

황간역은 지형적으로 경상도, 충청도와 서울로 연결하는 교통의 요지에 속하였다. 충청도에는 율봉도를 비롯해 일신도, 연원도, 성환도, 황강도, 증약도, 시흥도, 금정도, 이인도가 설치되었다. 1462년에 역제를 개편하는 과정에서 율봉도는 율봉역(청주), 쌍수역(청주), 저산역, 장양역(진천), 태랑역(진천), 시화역, 증약역(曾若驛, 옥천), 가화역(嘉禾驛, 옥천), 토파역(土破驛, 옥천), 순양역(順陽驛), 화인역(化仁驛), 전민역(田民驛), 덕류역, 회동역(영동), 신흥역(新興驛, 황간), 사림역(舍林驛), 원암역(原巖驛) 등 17개 속역을 관할하는 역도로 확립되었다.

한편 1808년(순조 8년)에 편찬된《만기요람(萬機要覽)》에는 쌍수역과 저산역, 장양역, 태랑역, 덕류역, 시화역, 함림역, 원암역, 증약역, 가화역, 토파역, 순양역, 화인역, 회동역(영동현), 신흥역(황간현), 전민역(회덕현) 등 16개의 속역과 3등마 478필, 아전과 군졸 8,704명이 있었다고 기재돼 있다.

이처럼 교통 면에서 황간현은 당시 추풍령을 넘어 영동과 대전을 연결하는 주요한 교통의 요충지였다. 아울러 이곳을 통해 보은으로도 연결되었다. 역로인 신흥역(신흥리, 남성리)으로 1905년 철도가 만들어지면서 황간역이 만들어지고, 지금의 역 주변(마산리)으로 발전 축이 변경되었다.

〈지도 16〉을 보면 황간은 추풍령을 통해 영동과 보은으로 연결되는 교통의 요지임을 알 수 있다. 현재 국도 4번은 황간에서 영동으로, 국도 19번은 황간에서 보은으로 연결되고 있다. 901번 도로는 상주로 연결되

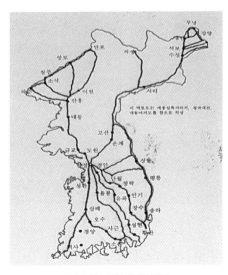

〈지도 16〉 조선 시대 역로도
(세종실록지리지, 경국대전, 대동여지도 참조)

며 과거 흑연 탄광이 있는 곳이었다.[47]

이처럼 황간지역은 교통의 요지였고, 자원이 풍부한 곳이었다. 또한 산세가 험하고 주변에 물이 많아 수질도 좋았지만[48] 재해가 심한 지역이기도 했다.[49]

....

47) 지역 주민인 고광부, 이창주 씨의 증언에 의하면 예전에는 추풍령 쪽에서 올라와서 한양에 가는 길은 구교동 가학루 뒤쪽에 있던 성황당을 지나 신흥역과 황간현을 거쳐 원촌리, 용산 쪽 보은 방면으로 이어졌다. 그 길이 조선 시대 역로도에 보이는 율봉도이다. 나중에 황간현이 사군봉 아래로 자리 잡으면서 지금의 황간고등학교 부근에 신흥역(新興驛)이 생겼다. 그런데 역원에 쓰일 말을 기른 장소는 현재의 마산리(馬山里)이다. 주변 지역에서 흑연과 석탄, 목재, 금 생산량도 풍부했다. 사람이 거주할 만한 지형적인 여건이 아닌데도 황간현이 설치되고 나중에 황간역이 생긴 것도, 교통과 물자 수송의 요충지였기 때문이다. 황간에 트럭 20여 대를 굴리던 자동차회사가 있었는데, 마루버시라고 했다.

48) 황간역 건너편 동네에 '들샘'이라는 샘이 있었는데, 한국에서 최고의 수질과 맛으로 이름이 난 샘물이었다. 황간역이 경부선 중간지점인지라 같은 시각에 서울에서 출발한 열차와 부산에서 출발한 열차가 황간역에서 만나는 시간 차이가 30분 정도여서, 서울에서 온 이들이 열차에서 내려 그 들샘을 길어다 상행열차에 싣고 가서 서울에서 팔았다. 일제강점기 때에는 황간의 들샘 물이 중국에까지 수송되었다. 그리고 사군봉의 바위 절벽 가운데 호랑이가 살던 굴이 지금도 남아있고, 예전 추풍령에서 광평 앞산으로 넘어오던 고갯길도 그 흔적이 남아있다.

49) 지역 주민인 고광부, 이창주 씨의 증언에 의하면 황간역에서 바라보이는 초강천 주변의 현재의 황간면 소재지는 온통 늪지대였다. 그래서 지금의 향교 부근 높은 언덕에 토성을 쌓고 황간현감이 거주했을 뿐, 명색은 현이라도 실제 사람이 살 만한 터는 별로 없고 주변에 소나무와 참나무 숲만 워낙 울창해서 주민들은 주로 매곡, 상촌, 임산, 궁촌 지역에 살았다. 금강을 타고 올라온 왜구의 노략질이 심해서 현을 상촌지역으로 옮긴 적도 있었다. 그래서 상촌에 관리라는 지명이 있었다. 예로부터 황간지역 출신 큰 인물이 안 보이는 까닭이 거기에 있다. 1947년 7월 〈동아일보〉 기사를 보면 당시에 황간면이 약 1.5m 이상 침수되어 시가지 전체가 홍수에 휩쓸렸다는 내용이 있다. 예전에는 황간면 일대가 늪지대였다는 얘기를 방증하는 기사이기도 하다. 지금보다 강수량이 많았는데 국가 차원의 치수 관리도 없던 시대이고, 현재의 초강천 둑도 없었으니 큰 냇가 주변은 온통 습지대였을 것이 뻔한 이치이다. 그래서 황간은 예전에는 수운이 가능했던 지역이기도 했다.

〈지도 17〉 〈황간군 읍면지〉(1899년 현재 서울대 규장각)
주) 네모가 현재 황간역, 빨간색이 도로, 황색이 물길

2) 근대의 황간역(경부선)

황간면은 일제강점기 초기 실시된 부군통폐합령(1914년)에 의해 영동군으로 병합돼 황간면으로 격하되기 이전까지는 독립된 황간군의 지역 중심지로서 그 아래 5개 면을 관할하였다.

황간역은 1905년 1월 1일 경부선 개통 당시 보통 역으로 영업을 개시하였다. 그 후 1926년 4월 20일 역사가 확장 개량되었으며 1940년 4월 1일 경부선 복선 공사와 더불어 역사가 신축되었다.

1950년 6월 30일 한국전쟁으로 역사가 소실되었고 1951년 9월 18일

〈지도 18〉 황간역(1918년)(국토지리정보원 고지도)
주) 도로와 모서면 득수광산 표시가 있다

2대 황간역. 한국전쟁 때 소실되었다가 1956년 12월   3대 황간역. 1988년 3월 3일
30일 복구된 황간역

9 · 18 수복 후 가역사에서 영업을 개시하였다. 1956년 12월 30일 역사가 복구 준
공되었다. 그 후 1988년 3월 3일 현재의 역사가 준공되었다

1908년 통감부 철도관리국에서 발행한 《한국철도선로안내》에서 소개한 황간역
을 보면 역에서 5마일 떨어진 청산군 월명동에 흑연광산이 있고, 한국흑연회사 출
장소가 있다고 적고 있다. 역에서 북쪽으로 약 20정 떨어진 곳에 한천팔(8)경이 있
으며, 관아와 우편취급소, 경찰분서, 한국공립소학교가 있었다.[50]

영동의 이동(以東) 황간을 중심으로 하는 일대 지역은 황간 금광지(상촌면, 위치
는 황간역 뒤쪽)로 불려 금의 매장량이 풍부한 지방이다.

1914년 《철도역세일반》을 보면 황간역은 다음과 같이 기록되어 있다.[51]

"황간역은 충청북도 영동군 황간면 소재이며, 역은 황간군청 소재지 읍내와 10
정 떨어진 곳에 있고, 부근은 사방이 산으로 둘러싸여 농지가 적고 농산물이 많지
않으며 목탄, 흑연의 산지로 이름나 있다. 호수는 총 402호로 조선인이 356호 일

50) 통감부, 《한국철도선로안내》, 1908년, p.36

51) 조선총독부 철도국, 《철도역세일반》, 1914년 12월

본인이 46호이다. 인구는 1,881명으로 조선인이 1,727명, 일본인이 154명이다. 주변의 관공서는 헌병파견소, 우편소(우편, 전신사무), 공립심상고등소학교, 공립보통학교, 황간면사무소 등이 있다. 교통상황은 상주, 영동, 추풍령, 청산 지방에 통하는 도로가 있어도 대부분 험악하여 교통이 나쁘다. 철도 이용객은 1일 평균 21명으로 주변 역으로 이동하는 사람이 많고 주로 동절기에 많았다. 황간역에서 주변 역까지의 이동을 보면 영동역에서 승차 인원이 11인, 하차 인원이 9인, 추풍령역에서 5인, 하차가 6인, 김천이 승차 8인, 하차가 8인으로 되어있다. 역세권 내의 중요한 생산물을 보면 1913년 통계로 흑연 6,035톤, 보리 6,328석, 목탄 1,004톤, 콩 2,531톤, 장작 394톤, 목화 5,044관, 쌀 9,600석이었다."

주변에 산이 많아 광산물과 임산물 등이 많았다. 통감부 철도관리국(1908)이 펴낸 《한국철도선로안내》에 보면 역의 약 5리에 청산군 월명동에 광산이 있어 흑연을 생산하는 한국흑연회사 출장소가 있었다고 기록하고 있다.

부산의 오토미(小富万次郎) 씨가 경영과 채굴권을 가진 흑연광산이 있고 5갱, 인부 60명을 사역하며 1일 최대 채굴량은 70톤으로 광산에서 정거장까지 손으로 미는 경편철도를 부설하여 운반하였다.

팔음산 광산(상주군 모서면 득수동, 옥서리)에서 약 13마일 떨어진 황간역까지 1913년 11월에 19.6km 거리에 궤간 64cm의 경편철도를 부설한 것이다.[52]

운반은 무동력의 광산토목용 소형 무개화차를 이용하였다. 건설비는 10만 5천 원이었다. 이 운반은 1포(150근짜리) 8전 5리로 판로가 유럽으로, 이 광산은 전쟁의 영향을 받아 일시 사업을 중지하고 있었다. 당시 기록을 보면 사람들이 밀고 다니는 방식으로 흑연을 채취했다고 쓰고 있다.

....

52) 선교회, 《조선교통사》, 1984년, p.954. 허가는 1909년 4월 10일 개업은 1913년 11월이다. 小宮万次郎 "黃澗,得水里間十二哩二分の地点に軌道を敷きトロを用いて自家探掘の鑛石を搬出す 其の建設費十万五千円なりとす"(1917년 9월 1일, 〈경성신문〉)

〈지도 19〉 상주시 모서면 득수면(득수광산)에서 황간역까지 경편철도 노선도
(19.6km)(국토지리정보원 1923년 지도 사용, 현재 국도 901번)
주) 노선 거리는 당시 승인노선 19.6km와 네이버길찾기 거리 19.43km와 일치

인력으로 움직이는 경편철도

　황현의 《매천야록(梅泉野錄)》 융희 4년(1910)에 보면 다음과 같이 기록되어
있다.

　"황간군에 거류하는 일본인들이 흑연을 채취하기 위하여 철도 간선을 부설하였

다. 그것은 황간 서면에서 상주 득수면까지 33리의 거리이다."라고 기록되어 있다. 현재는 901번 국도 노선이다. 주변의 월류광산에서도 금과 은이 채굴되었지만, 현재는 폐광된 상황이다.

황간역의 운수 성적을 보면 여객의 경우 1일 평균 승하차 인원은 67.2명이었다. 황간역은 화물 취급이 많은 것을 알 수 있다.

〈표 60〉 황간역 운수 성적(1913년)

여객	승차 인원(명)	하차 인원(명)	1일 평균	수입(원)	원 / 인
	12,336	12,208	67명	7,642	0.31
화물	발송화물(톤)	도착 화물(톤)	1일 평균	수입(원)	원/톤
	8,039	1,620	26.5톤	20,302	2.10

〈표 61〉 화물 취급품목과 수송량(1913년)

(단위 : 톤)

품명	발송	도착	품명	발송	도착
쌀	152	118	명태어	–	18
잡곡	13	267	소금	11	444
생과일	392	–	새끼 가마니 거적	–	11
석유	–	33	흑연	6,111	
장작	390	–	식료품	12	
목탄	810		기와	11	
금속류	–	265	군용품	14	
금속기구	–	12	목재	86	23
가구류	11	11	석재		14

곡류는 주로 부산과 인천, 김천에서 들어왔다. 식염은 인천에서, 석유와 해산물, 건어물, 명태는 부산 등에서 들어왔다. 반출의 경우 과일은 대구와 인천, 김천으로 운반되었는데 호두와 감이 특산물이었다. 목탄과 장작은 대구와 김천으로, 흑연은 초량으로 반출되었다.

황간역 주변을 보면 정거장에서 동으로 10정에 시장이 있고, 음력 2, 7일에 열렸다. 하루의 거래량은 약 170원, 시장 세로 거래량의 100분의 1을 거두고 도량형은 모두 신법에 따른 것을 사용하였다. 수륙 운수의 관계를 보면 시장과 정거장 간 외 물자 운송에 특히 기록할 관계는 없고, 정거장과 시장 간 화물의 운반은 지게꾼에 의하고, 지게꾼은 약 100근에 운임은 5전이었다.

1912년의 황간역의 시장자료를 보면 주변 공업 등의 상태의 경우 정거장 주변에 기와 공장이 있었고, 연간 65,000개의 기와를 생산하였다. 직공은 13명, 철도로 이를 수송하였는데 대구와 김천, 왜관, 조치원으로 수송되었다.

또한 역의 동북 5마일에는 부산흑연회사가 경영하는 흑연광산이 있었다. 생산된 흑연은 미쓰비시물산에서 판매를 위탁하여 독일로 수출되었다.[53]

한편 1927년 통계를 보면 생산물은 콩류와 목탄, 흑연이며, 쌀과 흑연은 부산으로 발송되었다. 도착 화물은 조와 소금 등이었다. 인구는 조선인 1,625호 8,364명, 일본인 48호 137명이었다. 주변에 소학교와 보통학교, 금융조합, 우체국 등이 있었다. 소학교 60명, 보통학교 385명, 금융조합 조합원 856명이었다.

〈표 62〉 황간역 이용현황(1927년)

여객	승차 인원(명)	하차 인원(명)	1일 평균	수입(원)	원 / 인
	42,426	43,674	236명	32,022	0.37
화물	발송화물(톤)	도착 화물(톤)	1일 평균	수입(원)	원 / 톤
	11,638	7,451	52.3	43,782	2.29

자료 《조선철도연선요람》(1927년)

이를 통해 보면 1913년에 비해 1927년에 승하차 인원은 약 3배 이상 증가하였

....

53) 조선총독부 철도국, 《조선철도연선시장일반》(1912년)

는데, 발송화물, 특히 도착 화물이 4배 이상 증가한 이유는 주변의 인구도 증가하고 경제활동이 활발해진 것임을 알 수 있다.

1932년 발행한 《조선풍속대계》에도 황간의 지역적인 특성이 기록되어 있다.

"경부선은 추풍령을 넘어 충북으로 들어가 쌀의 적출이 풍부한 황간, 영동, 옥천을 지나 대전에 이른다. 겨울에 추풍령을 북으로 넘으면 대륙적인 기후가 되어 기온이 급강하는 것을 느낄 수 있다. 영동의 이동(以東) 황간을 중심으로 하는 일대 지역은 황간 금광지로 불려 금의 매장량이 풍부한 지방이다."[54]

도로교통이 발달한 현재 황간역에서 상주역이 43.49km에 54분 소요, 영동역 15.43km에 18분 소요, 보은시외버스터미널이 49.99km에 57분 소요, 추풍령역이 8.97km에 13분이 소요되고 있다.

3) 황간역의 변화

1972년 황간역의 〈역지〉 기록을 보면 황간역은 하루에 900명이 기차를 이용하였고, 무연탄과 목재, 흑연, 비료, 양회 등 하루에 화차 21량, 소화물 30여 건을 취급하면서 지역경제의 중심 역할을 했다고 되어있다. 철도청이 발족한 1963년 이후의 황간역 이용객 추이를 살펴보면 연간 약 24만 명이 이용하였고, 1980년 최고 실적인 약 34만 명이 이용하였다. 그러나 그 이용자 수는 점차 감소하였고, 2015년에는 하루 300명이 이용하는 한적한 역이 되었다.

화물의 경우 2000년대 초반 화물 취급 역 거점화 정책 등으로 인하여 취급이 급격히 감소하고 현재는 중지된 상태에 이르렀다.

이처럼 황간역은 고속도로 개통과 대체 교통수단의 발달, 지역 인구의 감소 등

---

54) 《조선풍속대계》, 1932년, 신광사

여건의 변화에 따라 2013년도에 이르러 폐지 대상으로 검토되면서 존폐 위기를 맞이하였다.

〈표 63〉 황간역 이용 추이

연도	여객		화물		연도	여객		화물	
	승차	하차	발송	도착		승차	하차	발송	도착
1963	118,332	131,907	472	5,269	2005	33,398	30,686	–	2,548
1965	123,345	132,370	31,909	9,487	2006	32,523	30,431	342	13,362
1970	143,819	136,717	23,015	15,887	2007	31,921	29,086	–	337
1975	140,971	151,631	13,646	13,972	2008	33,315	33,412	–	750
1980	178,564	161,077	34,250	10,611	2009	32,609	34,192	–	550
1985	126,351	95,338	26,272	14,979	2010	33,569	32,154	–	–
1990	30,797	53,102	10,260	26,698	2011	38,095	36,584	–	–
1995	57,633	40,123	118	5,868	2012	39,027	38,008	–	–
2000	44,564	32,379	462	7,765	2013	42,111	40,510	–	–
2001	45,974	33,433	–	3,778	2014	45,094	44,744	–	–
2002	18,343	25,703	462	7,762	2015	43,039	42,679	–	–
2003	39,199	30,778	153	5,118	2016	41,444	39,222	–	–

〈표 64〉 황간면 인구 추이

연도	총인구(명)	연도	총인구(명)
1949	10,904	1985	8,651
1955	9,879	1990	7,523
1960	11,215	1995	6,138
1966	11,928	2000	6,138
1970	10,492	2005	4,935
1975	10,392	2010	4,935
1980	9,430	2015	4,411

〈표 65〉 황간역의 변화

시기별	특징	결과
1905년~1945년	황간역의 발전	교통의 요지, 지역의 거점 역
1945년~1970년	지속적인 황간역의 역할	
1970년~2012년	황간역의 쇠퇴	여객과 화물량의 감소
2013년 이후	문화역으로 새로운 변화	이용객과 관람객의 증가

당시 황간역의 강병규 역장과 황간중학교 35회 동기 모임인 '황간마실'의 정태경 회장 등이 주축이 되어 고향 역 지키기에 뜻을 모으고, '지역 주민과 함께 가꾸는 아름다운 문화영토'라는 슬로건 아래 황간역을 활성화하기 위한 다양한 활동을 펼 치게 되었다.

이러한 사업을 '문화 플랫폼 황간역'이라고 명명하고 있다. 황간역은 2013년 8 월부터 2017년 12월까지 총 59회의 공연을 하였고, 맞이방 갤러리에서 48회의 전 시회를 열었다. 공연은 노래와 연주, 시 낭송 등이 어우러지는 음악회를 위주로 때 로는 연극, 동화구연 등 이색 무대를 연출하기도 한다. 황간역 음악회는 유치원 어 린이에서부터 학생, 주부, 이장 할아버지 등 마을 주민과 타지에서 온 연주단, 때 로는 전문 음악인도 함께 출연하여 소박하고도 따뜻한 정을 나누는 음악회로 널리 알려져 있다. 특히 59회를 진행하는 동안 연인원 1천 명이 넘는 출연자가 순수 재 능기부로 황간역 음악회를 이어오고 있는 것 자체도 유례를 찾기 힘든 일이다. 맞 이방 일부를 전시 공간으로 리모델링한 황간역 갤러리에서 매달 열리는 전시회는 이미 금년 말까지 월별 전시 예약이 다 되어있을 정도로 인기가 높다. 이곳도 주 민들이 자치활동 프로그램으로 만든 생활공예품이나 그림, 서예 작품은 물론 전국 각지의 지명도가 높은 작가들의 작품전이나 철도문화전 등으로 연중 다양한 볼거 리를 제공하고 있다.

이처럼 황간역은 작은 시골 역이지만 지역과 사람, 문화가 서로 만나 교류하는

황간역의 문화축제

문화 플랫폼으로서 역할을 톡톡히 하고 있다. 각종 언론매체에서도 황간역의 변모에 깊은 관심을 보이고 있다. 황간역은 2013년 8월부터 2017년 12월까지 TV에 50여 회, 신문과 잡지 등에 190여 회나 소개되었다. 주요한 행사로는 시 항아리, 음악회, 전시회, 철도교류회 등 다양한 문화행사와 황간여행, 노랑 자전거와 황간 마실 여행을 통해 지역의 문화 플랫폼이자 여행 관문으로서 국내외에서 주목을 받는 테마역이 되고 있다.

9. 신의주

1) 들어가며

북한은 2019년 신년사에서 개성공단과 금강산관광의 재개를 강조한 바 있으며 2018년 말 〈로동신문〉 자료에 의하면 김정은 국무위원장은 중국과의 연결통로인 신의주의 철도역을 대대적으로 개축하는 것을 언급하였다.

먼저 북한의 행정구역을 보면 평양직할시, 라선특별시, 특별 구로 신의주특별행정구, 금강산관광지구, 개성공업지구가 있으며, 인구가 많은 주요 도시 순서에 따라 보면 평양, 함흥, 청진, 신의주, 원산, 남포, 사리원, 개성, 강계, 순천 등이 발달하였다. 평양 인구는 300만 명, 함흥과 청진이 각각 50만 명을 넘고 있다.

이러한 상황을 종합해 볼 때 주요한 교통인프라 건설 방향은 개성공단과 금강산, 신의주 특별행정구를 중심으로 하고 이를 연결하는 교통망이 주된 것이 될 것이다.

이 중 신의주역은 한반도와 중국을 연결하는 국경 역 중 하나이다. 서울에서 중국으로 가는 최단 경로는 평양을 거쳐 신의주와 압록강 철교를 건너는 노선이며, 신의주는 지형적으로 중요하여 역사적으로 많은 일이 일어났다.

신의주의 위치는 평안북도이며 도청소재지이다. 압록강을 사이에 두고 중국과 연결되는 도시로 북한에서 가장 큰 국경도시이다.

중국과 철교가 연결되어 있어 평양~베이징 열차가 정상적으로 운행하고 있다. 신의주에는 북한 최대 화장품 공장이 있고, 제지공장과 방직공장, 화학공장이 자리 잡은 경공업이 발전한 도시이다.

원래 평안북도 지역은 중국과 인접하는 지역으로 의주가 발달했는데, 의주 지역은 읍성과 남문, 통군정, 금강산 등 유명한 관광지가 있다. 의주는 지형상 고구려

의주 통군정

아래로 국경을 수비하는 지역으로 의주읍성을 쌓아서 방비하였다. 가장 높은 곳에 위치한 것이 통군정으로 압록강이 내려다보이는 전략적인 곳에 위치해 있다.

그러나 철도가 부설되면서 중국의 단둥지역과 가까운 신의주지역이 발달하게 되었다. 신의주의 현재 인구는 34만 명으로 북한에서 평양, 남포, 함흥, 청진, 원산에 이어 여섯 번째로 큰 도시이다. 그리고 서울~평양~신의주~중국으로 연결하는 주요 교통로가 되는 도시이다.

2) 신의주역의 시작

신의주역은 경의선 부설과 함께 시작되었다. 경의선은 1905년에 개통되었지만 1911년 11월 압록강 철교가 완공되고 경의선 개량공사도 완성되면서 만주철도 안봉선의 광궤 개축과 함께 조선~만주 간 직통열차가 운행되었다. 1913년 당시 신

압록강철교 건설 공사(1911년 완공)

의주 인구는 5,827명이었다.

이곳은 러시아, 중국과 철도로 연결됨에 따라 대륙철도가 운행되었다. 그 사이에 평남선과 호남선, 경원선의 전 노선이 개통되면서 남북 종단 간선과 항구의 연락이 가능해졌고 함경선 일부 노선도 개통되었다.

신의주 역사는 조선과 만주 연결에 있어 그 중요성에 따라 1911년 10월에 신축되었는데 3층의 기와구조로 하고 호텔을 겸업하는 설비로 되어있다.

신의주역은 종단역으로서 처음에는 임시 역사였는데 압록강 가교 공사에 따라 수화물 취급소 자리로 이전하여, 1911년 10월에 공사비 9만 엔(건물만)으로 서양식 3층 벽돌구조, 석면 슬레이트 지붕, 연 건축면적 387평(1,279m^2)을 신축하였다. 건축양식은 르네상스식을 채택하였으며, 구조는 외부 벽돌에 내부 칸막이벽이며, 2, 3층 바닥의 파라페트 등은 모두 목조였다.

당시 건축양식을 보면 북쪽 지방은 일부에 벽돌을 이용하여 어느 정도 보온을 위

1911년 신의주역 신축(3층의 르네상스 양식)

한 구조를 채택하였다.

한편 구미의 건축양식을 도입한 신의주역과 부산역사의 르네상스식, 용산역사의 고딕 양식, 조선호텔의 북유럽 양식에 조선 취향을 가미한 양식 그리고 서양식 주택 건축의 대표라고 할 수 있는 철도국장 저택 등도 이 시대의 건축이었다.

신의주역은 1층을 역사로 사용했고 2, 3층에 설치된 서양식 호텔은 설비 면에서는 당시 부산역 다음가는 수준이었다.

1912년 8월 신의주역에 신의주스테이션호텔이 개업했다. 규모는 그다지 크지 않았지만, 설비는 완벽하였다. 후에 명칭을 철도회관으로 변경하고, 1941년 4월 철도호텔이라고 개칭하였다.

개통과 함께 예전의 종단역은 수화물 취급소로 이동하고, 기관차고 기타 관사 등은 옛 위치에 그대로 존속했다.

3) 철도 현황

신의주까지의 최초의 급행열차는 1908년 4월 1일의 열차 운전 시각 개정 시 '급행열차 취급 절차'을 제정하고, 부산~신의주 간의 융희호가 운행되었다. 1933년 자료에 의하면 대륙까지 달리는 국제철도의 경의선 구간 평균속도는 53.5km였다.

다사도철도주식회사 신의주 본사

4) 변화

신의주역은 일제강점기 때 만들어진 후 한국전쟁 때 파괴되어 지금의 역은 단층의 2면 3 승강장으로 국제열차의 세관검사가 이루어지고 있는 역이다. 현재 경의선 평양~신의주 구간은 225km로 6시간에 운행하고 있다.

향후 신의주역은 크게 발전할 것으로 전망된다. 서울에서 경의선을 통해 중국 단동으로 갈 경우 반드시 거쳐야 하는 주요 역이 신의주역이다.

최근에 신의주 개발과 함께 철도역의 대대적인 개축에 관한 기사가 전해지고 있다.

현재의 신의주청년역

　현재 북한의 무역 상대로 중국은 2016년에 83.7%를 차지할 정도로 높기 때문에 중국과의 연계를 중시하는 것은 당연한 전략이라고 하겠다. 참고로 러시아는 무역 비중이 같은 해를 기준으로 1.2%를 차지하고 있다.

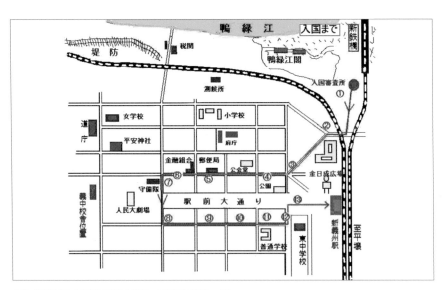

출처 : 門脇椿峨, 〈신의주중학교 회지〉, 1992년 12월, p.79
(https://search.yahoo.co.jp/image/search)

남북철도 현지 공동조사 열차(2018. 11. 30. 철도공사 제공)

　향후 신의주역은 무역 등을 고려한 국경도시를 중점적으로 개발될 것이며 이를 활성화하는 교통인프라가 건설될 것이다. 현재 국경도시로서 기능을 하고 있는 주

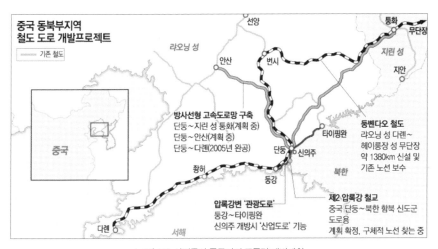

〈그림 11〉 신의주와 중국지역 교통망 개발계획

요 도시는 단둥과 연결하는 신의주, 중국 집안과 연결하는 만포, 중국의 도문과 연결하는 남양 등의 도시가 있다.

신의주역과 단둥을 연결하여 대륙철도의 운행이 가능하다. 단둥을 통하여 북경(北京)과 심양(沈陽), 대련(大連), 장춘(長春), 청도(青島)로 직통 운행되는 여객운송 열차와 화물 운송 열차가 있으며, 모스크바~북경~평양의 국제 공동 운영 열차도 운행하고 있다. 단둥(丹東) 철도는 평양까지 220km 떨어져 있고, 서울까지 420km, 부산까지 871.5km 떨어져 있어 중국과 유럽, 아시아대륙 및 한반도를 연결하는 주요한 육로 통로가 되고 있다.

제4장

철도역과 지역

제4장 철도역과 지역

지방선의 폐지는 근본적으로 지역의 쇠퇴로 인해 수요가 감소하고 결국은 철도 운영에 부담을 주어 점차 역 근무 인원 감소, 무인역 그리고 폐역, 폐선의 길을 걷게 된다.

이러한 폐선 현상은 철도의 재정적자가 문제가 된 일본, 영국, 프랑스 등 철도선진국에서도 동일하게 볼 수 있는 현상이다.

그럼에도 불구하고 우리나라의 경우는 철도 노선이 채 전국에 건설되기도 전에 수요감소로 노선이 폐지되는 현상이 나타났다. 이는 우리나라의 경우가 일본과 비교할 때 독특한 현상으로, 철도망이 완성되기 이전에 도로망이 발전하여 자동차로 수요가 이전되어 철도의 지방 적자선의 문제가 심각하게 제기되었기 때문이다. 이는 주로 지방의 수요가 적은 노선에서 발생하였는데, 이를 해결하려는 의지가 지방자치단체의 재정력을 감안할 때 어려움이 있다.

이마저도 지방에 교부되는 지방교부세의 경우 내국세 총액의 법정률이 내국세의 19.24%인데 이 중 매년 약 2조 원 이상이 교통 부문에 투자되고 있다. 특히 도로 부문에 집중되고 철도의 지방 적자선의 경우에는 중앙정부와 철도운영자의 책임으로 지방자치단체에서는 관심 밖의 사항이 된 것이 현실이었다.

이러한 복합적인 요인으로 인해 우리나라의 지방선들이 폐선의 길을 걸었다고 할 수 있다.

한국철도 영업거리표
SERVICE KILOMETERS OF NATIOLAL RAILROAD

(단위 : km)

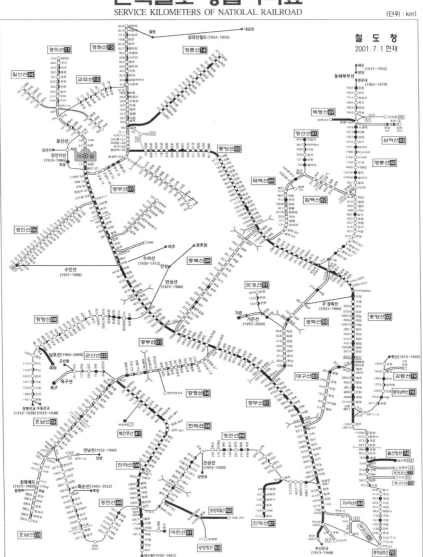

<지도 20> 우리나라의 폐선된 철도 노선(파란색)

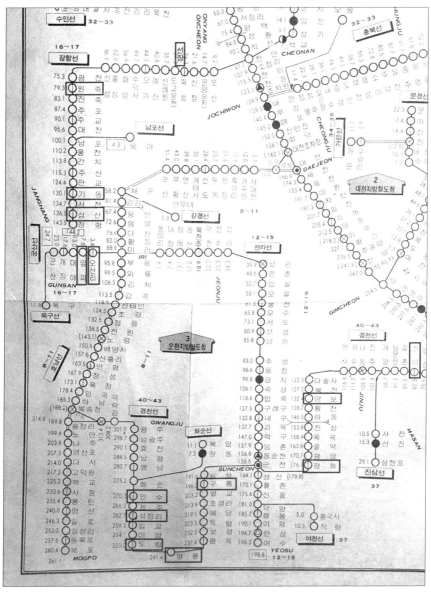

〈지도 21〉 폐지된 역들(명봉역은 무인역 운영) * 네모 안의 역들
출처 : 철도여행문화사, 〈월간 관광교통 시각표〉(1978. 4.)

1. 장항선의 역사와 역들

장항선의 시작은 경남철도로부터 시작된다. 경남철도의 철도 노선은 크게 두 개로 나눌 수 있는데, 그중 하나인 충남선(144.2km)은 천안~온양온천~선장~신례원~예산~홍성~광천~대천~남포~판교~서천~장항 노선이다. 이 노선은 1921년 12월 천안~온양온천을 시작으로 건설되어 1922년 6월 1일에 이 구간이 개통되었으며, 1931년 8월 1일에 전체 노선인 천안~장항 구간이 개통되었다. 이 노선의 건설로 충청도와 전라북도 군산이 바로 연결되어 농수산물의 수송이 활발하게 되었는데, 장항에서 군산까지는 배로 약 15분 거리로 군산항의 이용이 더욱 용이하게 되었다.

1955년 철도 국유화정책에 의해 사설철도가 국유화되면서 충남선이 장항선으로 개칭되었다. 1989년 장항제련소가 폐쇄되고 1993년 금강하구둑이 완성되어 2009년 11월 장항과 군산 간의 도선 운항이 중단되었다.

2008년 1월 1일 장항~군산~대야 구간이 개통되고 군산선 대야~익산 구간이 장항선에 편입되었다. 군산선은 군산화물선으로 개칭하면서 군산화물선과 옥구선을 장항선의 지선으로 편입하였다. 구 장항역은 장항화물역으로 변경하고 새 장항역에서 장항화물역까지를 장항 화물선으로 하여 장항선의 지선으로 신설하였다.

1) 원죽역

오서산 자락에 위치한 장항선 원죽역은 1929년 12월 1일 간이정거장으로 영업을 개시한 뒤 1967년 무배치 간이역에서 을종대매소, 1993년에는 차내 취급 역, 2007년에는 그마저도 일반 열차 통과역으로 격하되어 현재에 이르고 있다. 죽림리의 원마을이라는 의미로 '원죽'이라 불렀다.

도로교통이 발달한 1980년대 이후에도 21번 국도와 마을 간 거리가 있어 대중교통 이용이 쉽지 않아 2000년대 중반까지도 열차가 정차했다. 가장 많은 승객이 이용하던 1980년에는 한 해 15만 명 이상이 이용할 만큼 역 기능이 활성화되었지만, 주민들이 도시로 나가고 마을 앞까지 포장도로가 개통되고 입구까지 마을버스가 들어오면서 열차 이용객 수도 크게 줄었다.

낮게 깔린 플랫폼, 눈비만 피할 수 있는 간이지붕, 검은색 배경의 역명판, 오랜 기간 열차와의 충돌을 피하며 비스듬히 자라난 향나무가 역사를 구성하는 전부였다.

한편으로는 경관이 뛰어나 2000년대 초 많은 동호인이 철도 사진 촬영을 위해 방문하고 사진 공모전에 자주 등장하기도 했다.

역명판과 향나무가 코레일이 지정한 철도 문화재(준철도기념물)로 등재되었다. 현재는 역사 지붕을 모두 철거하였고, 역명판도 현장에서 철거되어 철도박물관에

원죽역사(2007년 폐역)

준철도기념물로 지정된 원죽역 역명판

위에서 내려다본 원죽역사(철거 후 모습)

원죽역을 지나 오서산을 배경으로 달리는 새마을호

전시 중이다. 이곳에 답사하러 가면 농사짓던 어르신들이 역사 벤치에 앉아 새참도 먹고 낮잠도 즐기는 모습을 많이 봐왔는데, 역사가 제 기능을 다 하고 철거되었으니 이제 어르신도 역사도 그곳에서 볼 수 없게 되었다.

2) 기동역

1980~1990년대 장항선에는 별도의 건물 없이도 열차가 정차하던 삼산역, 주교역, 주산역, 원죽역, 기동역 같은 소규모 간이역이 있었다. 이용객이 많을 때는 직원이나 주민들이 운영하던 대매소가 있었지만, 이용객이 감소하면서 매표소와 간이매점 역할을 하던 소규모 역사를 철거하고 플랫폼만 남게 된 경우가 대부분이다. 그중 하나가 서천~판교 사이에 위치한 기동역이다.

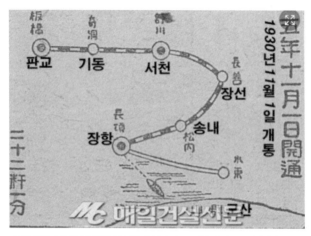

〈지도 22〉 1930년 11월 6일 신문에 실린 판교~장항 간 선로(〈매일건설신문〉)

기동역 역명판(2007년 촬영, 2006년 폐역)

 기동역은 조선경남철도 시절인 1930년대 영업을 시작하여 1943년 잠시 폐지되
었다가 1971년 임시 승강장을 만들어 30여 년간 마을 주민들을 실어 나르는 역할

기동역 플랫폼(2006년 촬영)

을 하던 곳으로, 통계에 따르면 1979년에는 연간 10만 명이 넘는 승객이 타고내리기도 했으나 여느 소규모 역사와 마찬가지로 지역 인구가 감소하고 도로교통이 발달하면서 자연스럽게 이용객 수가 급감하였고 2006년에 폐역되었다.

현재는 기동역 터 위로 4차선 국도가 놓여 자동차가 빠른 속도로 달리고 있다.

기동역을 통과 중인 열차(2006년 촬영)

기동역 플랫폼에서 본 옛 장항선 선로(2006년 촬영)

장항선 선로는 고가화되고 인근 선로로 직선화 이설되어 역 터에서 멀어졌다. 마을 주민이 크게 줄었고, 남은 마을 주민은 대부분 자가용이나 노선버스를 이용하여 인근 서천이나 군산으로 다니고 있다. 철도교통이 사라지고 도로교통이 빠르게 그 자리를 대체한 경우에 해당된다.

3) 선장역

장항선 선장역은 1985년 임시 승강장 도고온천역이라는 역명으로 개업했다가 1992년 지역명을 따라 선장역으로 바뀌었다. 비를 피할 수 있는 벤치 몇 개와 역명판 하나뿐인 작은 역이지만 연간 2만 명에 가까운 승객이 도고온천과 인근 연수원을 이용하기 위해 열차를 타고 내릴 만큼 제법 수요가 있었다. 도로교통이 발달하면서 자연스럽게 이용객도 줄었고, 2008년 1월 1일에는 선장역 주변 선로가 장

선장역 플랫폼(2008년 폐역)

선장역을 지나는 열차

항선 직선화 공사의 결과로 이설되면서 폐역되었다.

장항선 선장역은 다른 간이역과 달리 지역 주민들의 필요보다는 인근 도고온천 이용객들의 편의를 위해 생겨난 역이어서 처음부터 간이 승강장 형태의 역사로 개업하고 유지되어 오다가 온천 이용객 감소와 여행 스타일의 변화로 자연스럽게 폐역된 곳이다. 관광을 목적으로 생긴 간이역이다 보니 역 주변 가로수길과 주변 경관이 뛰어나 경치 좋은 간이역으로도 이름을 알렸다.

현재는 옛 도고온천역~선장역 사이에 왕복 4.8km 구간의 아산레일바이크를 운행하고 있다. 홈페이지에는 '1960년대 말 시골 소도시 풍경을 그대로 간직하고 있는 레일바이크'라는 내용으로 홍보하고 있는데 철도 역사의 역할을 다한 뒤에도 이 지역의 유명 관광명소로 이름을 알리고 있다는 점이 특징이다. 관광 목적의 간이역으로 생겨나 20년 남짓한 운행을 마치고 지금도 관광문화자원으로 효과적으로 활용되고 있다는 점에서 철도 역사로서 역할을 다한 간이역의 활용 시 참고하면 좋을 것 같다.

4) 오산리역

전북 익산시 오산면에 위치한 오산리역은 1931년 6월 15일 군산선 역으로 개업, 2008년 1월 1일 통근 열차 폐지로 열차가 더는 서지 않게 된 간이역이다. 마을 주변에는 논밭이 넓게 펼쳐져 있지만, 택시로 8분 거리에 익산역이 있어 시내 생활권이나 다름없다.

오산리역 이용객이 가장 많았던 시기는 1970~1980년대다. 특히 1980년대 중반에는 연간 승하차 인원이 40만 명을 넘을 만큼 이용이 활발했는데, 이 마을 이용객이 가장 많았던 1979년은 하루 평균 1,280명 가까이 이용했던 기록이 있다. 2020년 폐역이 되었고 열차가 서지 않는 지금은 상상도 하기 힘든 모습이다.

오산리역(2008년 폐역)

오산리역을 통과하는 관광열차

이런 배경에는 5분이면 익산역에 도착할 수 있었던 통근 열차가 평균 2시간 단위로 다니고 있었고, 마을 중심부에 오산리역이 있어 익산 시내까지 접근하기 편리했던 철도교통 우위의 시기가 있었다.

도로교통이 빠르게 발달하고 노선버스와 콜택시가 주민들의 주요 이동수단이 되면서 대도시 가까운 마을 간이역의 역할은 빠르게 축소되었다. 이 때문에 오산리역이 폐지되던 2008년 직전에는 거동이 불편한 경로 승객 외에는 거의 이용하는 승객이 없었다. 철도 역사의 기능은 다 했지만, 주민들에게는 여전히 고향 간이역이라는 추억의 상징으로 오산리역을 기억하고 있다.

역사·문화적인 가치는 크지 않지만, 장항선(옛 군산선) 선로를 따라 봄이면 유채꽃, 여름이면 논밭과 조화를 이루는 경관이 뛰어나 동호인과 사진가들이 자주 찾는 간이역이었다. 지금은 역 플랫폼 주위를 펜스로 막아놓아 진입할 수 없지만, 파란색 역명판은 아직 남아 이곳이 한때 기차역이었음을 나타내고 있다. 그리고

오산리역 근처를 달리는 통근 열차

이 역은 장항선 익산~대야 구간 선로 이설로 더는 열차가 다니지 않는 공간으로 남았다.

5) 삼산역

장항선 삼산역은 옛 장항역(현 장항화물역)과 서천역 중간에 있는 간이역으로, 역이 위치한 삼산리 주민 외에 서천과 장항 사이 마을 사람들이 이용하던 전형적인 농촌 간이역이었다. 특히 이설 전 서천역과는 1.7km 거리에 있어 도시발달과 함께 급속히 본래 기능을 상실했다는 특징을 가졌고, 2004년 7월 이후 여객 취급이 중지되었다.

장항선 개통 초기부터 영업을 시작했던 삼산역은 1943년 12월에 폐역된 적이 있다. 그만큼 마을 자체가 크지 않았고 이용객도 저어 간이역의 기능에 맞게 탄력

이설 전의 삼산역(2006년 폐역)

서천을 출발하여 삼산역에 진입하는 열차(2006년 신선 공사 완료 이전)

신선 교각 완료 후의 삼산역(2006년)

적으로 운영되다가 2006년 폐역되었다. 많은 주민이 이용하던 1970년대 후반에
도 하루 100명 이상은 이용하지 않는 작은 역이었고, 현재는 옆으로 장항선 선로
가 이설되면서 고가화되어 역 터의 흔적이 거의 없다.

주민들의 기억에서도 빠르게 사라진 역이지만, 겨울이면 삼산~서천 선로 주변
으로 철새들이 찾아와 S자 철길 위를 날아다니는 장면이 장관이었다. 일부 철도
동호인들에게만 기억되는 작은 역이지만, 지금도 커다란 향나무 한 그루가 장항
선 초기부터 지금까지 크게 자라나 철도 역사가 서 있던 정확한 위치를 알려주고
있다.

6) 임피역

임피역의 위치는 군산선상에 있는데, 주소는 전북 군산시 임피면 서원석곡로 37

이다. 연혁을 보면 1924년 6월 1일 간이역으로 영업을 개시하였다. 1936년 12월 1일 보통 역으로 승격 및 역사를 신축하였다. 2005년 11월 11일 근대 등록문화재로 지정되었고, 2008년 1월 1일 통근 열차 운행 중지와 새마을호가 1일 2회 정차하였으며, 2008년 5월 1일 여객 취급을 중지하였다.

1934년 《조선여행안내기》에서 주소는 전북 옥구군 서수면, 이리에서 7.8km, 군산에서 16.9km, 쌀 산출이 많은 지역에 위치한 간이역으로 나와 있다. 임피역에 대한 기록을 보면 《조선철도연선요람》(1927년)에서 1927년 역원배치 간이역이며, 발송화물은 쌀, 도착 화물은 조와 비료, 여객은 승차 인원 50,371명(1일 138명), 하차 인원 53,033명, 화물은 발송화물 2,218톤, 도착 화물 2,144톤이다. 수입은 여객 9,904원, 화물 2,321원으로 기록하고 있다.

임피역은 국가 등록문화재로 지정되어 있는데, 이 역은 보존상태가 양호하고 특히 입구 여닫이의 도르래가 위쪽에 위치하여 드문 구조이다. 일식 목구조를 기본

임피역 통근 통학생들(1944년 6월 1일)

임피역(2004년 사진)

형식으로 하고 벽체는 시멘트 모르타르 위 페인트로 마감하였다. 그리고 지붕은 슬레이트 박공지붕으로 전면과 후면의 출입구 부분 박공면을 돌출시켜 형태적으로 강조하고, 전체 입면을 비대칭적으로 구성했다.

일제강점기에 건축된 역사임에도 불구하고 임피역은 목재 창호가 알루미늄 창호로 변경되고 내외부 벽면이 새롭게 도색된 점을 제외하고는 전체적으로 건축원형의 보존관리가 매우 양호한 상태이다. 일제강점기 군산선의 철도 역사로 건축된 건물로서 이 역은 당시 농촌 지역에 건축된 소규모 간이역사의 전형적인 건축형식을 원형 그대로 보존하고 있는 건물이다.

무인역 시절의 임피역

폐역 직후의 임피역(2008년 촬영)

임피역 문서대

근대 문화유산으로 보존되고 있는 임피역(2021년 촬영)

임피역 구내(2021년 촬영)

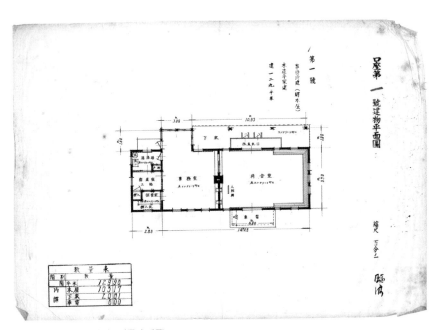

임피역사 및 선로반 도면(철도박물관 제공)

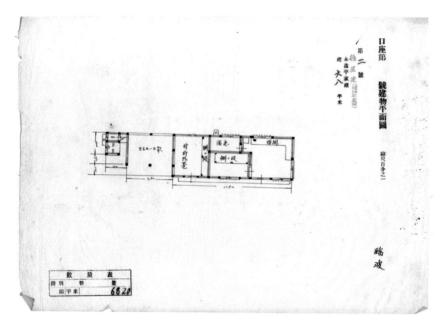

임피역사 및 선로반 도면(철도박물관 제공)

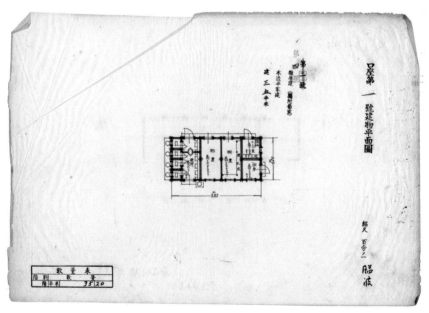

임피역 화장실 및 창고 도면(철도박물관 제공)

2. 경전선과 역들

1) 진성역

진성역은 1925년 진주선 개통 시기부터 운영되다가 1944년 잠시 폐지되었고, 1950년 다시 영업을 시작한 후 2012년 경전선 이설 및 복선화와 함께 폐역된 이력을 가진 곳이다. 소규모 역사이지만 자체 이설의 역사도 있다. 이용객이 가장 많았던 시기는 1980년대 초반으로, 다른 지역 간이역보다 비교적 늦은 시기인 1985년까지 연 승하차 인원 8만 명대를 유지했다.

대매소가 있던 시절 진성역은 폐역 직전의 진성역보다 마산 방향으로 200m 정도 거리의 위치에 있었다. 구천마을 주민들의 이용 편의를 고려하여 대매소 취급 중지 후 1990년대 언젠가 현재 위치로 옮겨온 것으로 보인다.

경전선 진성역(2012년 폐역, 2004년 촬영)

진성역에 진입하는 마지막 열차(2012년 촬영)

　선로 이설 이후 기차가 다니지 않게 된 지금은 노반이나 플랫폼 일부만이 남았다. 이설을 앞두고 만난 어르신들의 주요 목적지는 진주 또는 마산이었고, 오전 열차는 주로 마산장에 농산물을 팔기 위해 자주 이용하고, 오후에는 진주나 마산에서 가족을 만나거나 개인 약속이 있어 나가는 경우가 많았다.

　진성역의 특징으로는 선로가 마을보다 높은 지대에 위치해 있어 열차를 타기 위해서는 계단을 한참 올라가야 했다는 점, 역전광장이 마을 중심광장과 동일한 곳에 있어 마을 주민의 쉼터가 되어왔다는 점, 도로 대비 철도교통이 우세였던 지역이라는 점을 들 수 있다. 진성역도 양보역과 마찬가지로 경전선 이설과 함께 폐지된 경우이며, 현재는 버스와 택시가 그 역할을 대신하고 있으니 그만큼 철도교통이 마을 주민들의 삶에서 중요한 역할을 해온 곳이기도 하다.

이설 후 폐지된 진성역 주변 풍경(2013년 촬영)

2) 양보역

양보역은 이름 하나만으로도 사람들의 주목을 끌었다. 한자로는 어질고(良) 크다(甫)는 의미가 있으니 흔히 우리가 쓰는 '양보(讓步)'와도 어느 정도 맥이 통한다. 실제로 역명 때문에 이곳을 방문한 사람을 적지 않게 만났고, 웹사이트를 검색하다 보면 막연히 이곳에서 양보의 미덕을 발견할지도 모른다는 믿음마저 가지고 있었다.

양보역 주변 서촌, 동촌, 피파마을, 하성마을 등은 다른 주변 지역보다 도로교통이 여전히 불편하여 2016년 폐지 직전까지도 매해 4,000여 명에 이르는 주민들의 소중한 교통수단이 되어왔다.

1986년 《한국철도요람집》에 실린 양보역은 1967년에 지어진 인근 북천역과 동일한 모습의 규모 있는 크기였다. 1990년대 후반 본체가 철거되고 시설반 건물과

1986년 양보역, 《한국철도요람집》(2016년 폐역)

대한통운 사무실, 화물 홈 정도만 오랫동안 남아있다가 역 폐지 이후 나머지 시설물들도 빠르게 정리되었다. 현재는 하동 레일바이크 기점으로 이용되고 있다.

양보역은 이용객의 감소보다는 경전선이 이설되면서 역사도 함께 폐지된 경우라는 점에서 다른 간이역의 폐역 과정과는 조금 다르다고 볼 수 있다. 여전히 도로교통이 불편한 편이고 주민들은 버스나 콜택시를 이용하여 인근 도시로 나가고 들어온다.

2006년 양보역

양보역 역명판(2011년 촬영)

양보역을 통과하는 화물열차(2011년 촬영)

구 양보역 인근을 달리는 경전선 화물열차와 주변 마을(2013년 촬영)

3) 도림역

1936년 3월 무배치 간이역으로 영업 개시한 도림역은 1944년 6월 폐지되었다가 1963년 배치 간이역으로 승격, 1972년 무배치 간이역으로 격하, 2006년 11월 일반 열차 통과, 2008년 최종 폐역된 기차역이다. 전라남도 화순군 이양면 송정리에 위치해 있었고, 전형적인 농촌 마을과 마을 사이를 이어주는 간이역이었다. 폐역된 뒤에도 소나무 한 그루와 버스정류장 형태의 간이역사가 마을 주민들의 쉼터로 오랫동안 이용되기도 했다.

도림역 맞이방에는 네 개의 플라스틱 의자가 있었고, 역 뒤편에는 상호도 없이 '담배' 팻말만 걸린 역전 상회가 있었다. 2000년대 초반까지도 가게는 영업을 했는데, 열차가 정차하지 않게 된 뒤로는 승객이 없어 가게 영업도 중단했다. 열차를 이용하던 승객들은 자가용을 이용하거나 마을에서 국도까지 도보로 이동한 뒤 마

도림역과 주변(2008년 폐역)

도림역을 통과하는 열차(역전 상회 할머니의 모습)

도림역의 역명판

을버스를 타고 화순이나 광주, 보성 방향으로 다녔다.

도림역은 주변 경관이 뛰어나 간이역 사진촬영 장소로도 입소문이 났는데, 그 때문에 여객영업 중단 뒤에도 적지 않은 철도 마니아와 사진가, 자전거 여행객들이 이곳을 방문했다. 처음에는 이들을 의심스럽게 바라보던 역전 상회 주인 할머니도 계속해서 찾아오는 사람들과 대화를 나누며 오해를 풀었다는 뒷얘기가 있다. 여객열차가 더는 정차하지 않고 자동차, 버스 교통 위주의 지역으로 변화했지만 2000년대 초까지 경전선의 전형적인 농촌 간이역 모습을 간직한 곳으로 기억되는 곳이다.

4) 구룡역

같은 이름의 역이 수도권 분당선에도 있지만, 그보다 70년쯤 먼저 생긴 구룡역은 경전선 순천~보성 구간에 위치해 있었다. 1932년 무배치 간이역으로 영업을 시작하였고, 6·25 전후 영업 중지와 폐지의 기록이 있지만, 그 뒤로 다시 열차가

〈지도 23〉 구룡역 위치도(1926년 지도)

구룡역의 역명판(2006년 폐역)

정차하고 2007년까지 운행한 간이역이다.

한 해 최대 승객수가 17만 명, 하루 평균 500명이 이용하던 시기가 1970년대 후반~1980년대 초반까지였는데, 이 시기는 다른 농어촌 간이역사의 활황기와도 일치한다. 지금은 그때 분위기를 상상하기 어렵지만, 불과 40년 전 농촌 마을과 역사는 전혀 다른 모습이었다.

경전선 구룡역의 특징으로 영업 초기에는 구룡역에서 바다가 멀지 않았다는 점이다. 1930년대 초 제작된 지도를 보면 역 앞에 펼쳐진 평지를 지나면 바로 앞이 바다였다. 부족한 농지 확보를 위해 대규모 간척 사업이 진행되었고 그 결과 현재의 모습을 갖추게 된 것으로 보인다.

열차 시각표가 개정될 때마다 열차 운행횟수가 감소하였고, 2006년 10월 31일 통근 열차 정차를 끝으로 여객 취급이 중지되었다. 현재는 주민들이 역 앞 버스정류장에서 순천이나 보성 방향 버스를 이용하고 있고, 역 터에는 플랫폼이나 역명

구룡역에 정차한 마지막 열차(2006년)

판이 사라지고 펜스가 둘러쳐져 있어 사람의 접근도 불가능하다.

5) 만수역

총연장 277.7km를 달리는 경전선에서도 화순~보성 구간은 유난히 역 간 거리가 짧고 규모 작은 간이역이 많다. 지석천을 따라 농사짓기 좋은 땅도 많았고, 1920년대 이후 강을 따라 철길이 들어서면서 광곡역과 도림역, 입교역, 석정리역, 만수역과 같이 그 유래와 형태가 불분명한 간이역들이 들어섰다. 2008년 이용률이 저조한 간이역 열차 운행을 중단하면서 만수역에 정차하던 통근 열차도 그냥 통과하기 시작했다.

경전선 만수역은 배후 여러 마을을 품고 있지만, 곳곳에 흩어져 있어 가장 많은 승객이 이용한 해에도 연간 승하차 인원이 10만 명을 넘긴 적이 없었다. 1978년에

만수역 역명판(2008년 폐역, 2005년 촬영)

도 연간 8만 명 내외에 불과하여 하루 이용객 250명 정도가 최고치였다. 이미 만수역 이용객은 1980년대 후반부터 하루 10명 이하로 급격히 줄기 시작했는데, 인접한 화순과 광주로 인구가 유출되고 화순~보성 간 국도 교통이 편리해지면서 주민들도 굳이 열차를 타러 마을에서 멀리 떨어진 만수역까지 올 필요가 없었던 것으로 보인다.

만수 역사(대매소)로 쓰였던 건물이 이색적이다. 건물 측면에 '만수'라는 명판이 단단히 붙어 2022년 1월 현재도 제 위치를 정확히 알리고 있고, 철길 방향에서 보면 과거 매표구로 썼을 것 같은 구멍을 판자로 막은 흔적이 보인다. 만수 역사에는 특별한 벽화가 하나 그려져 있는데, 철길 방향 한쪽 벽면 전체에 복숭아나무와 과일 바구니를 '만수 특산물'이라는 제목으로 그려 놓았다. 단순한 그림이 아니라 양각으로 일일이 콘크리트와 자갈 등을 섞어 복숭아나무에 입체감을 더했고, '만수

만수역의 겨울

만수역 벽화

특산물' 글씨는 비슷한 크기의 조개를 하나하나 붙여 만들어놓았다. 벽화가 그려진 벽면이 철길 방향이어서 자동차를 타고 가다가 볼 수도 없고 일반인이 우연히라도 볼 수 없는 위치에 있으니 오직 열차를 타고 가던 승객만이 만수역 방향으로 유심히 살펴봐야 만나는 귀한 작품이 되었다.

현재는 열차가 정차하지 않고 선로 주위로 펜스가 처져 있다. 만수역을 이용하던 주민들 다수는 인근 화순이나 광주 등으로 옮겼고, 현재의 주민들은 마을버스를 이용하여 광주, 화순, 보성 등지로 다니거나 자가용을 이용하고 있다.

6) 석정리역

서부 경전선 화순역에서 멀지 않은 곳에 석정리역이라는 이름 좋은 간이역이 있다. 1932년 영업을 시작하여 1979년에는 하루 승하차 인원이 500명을 넘어설 만

석정리역 역명판(2008년 폐역)

큰 많은 이용객을 보유하던 곳이다. 그러다 최근 20년도 안 되는 짧은 기간 동안 급속도로 위축되어 2008년 1월 1일 간이역에서 폐역이 되었다. 이렇게 빠른 속도로 이용객 규모가 감소한 것은 춘양면을 관통하는 29번 국도의 개통과 확장으로 대중교통을 이용한 주변 도시로의 이동이 쉬워졌기 때문인 것으로 보인다.

원래 이곳은 화순군 춘양면에 속해 있어서 역명도 춘양역이었는데, 1955년 영동선 춘양역과의 혼동을 피해 석정리라는 이름을 갖게 되었다. 당시의 역사적인 배경을 자세히 알 수는 없지만, 봉화군 춘양면의 규모와 위세가 화순군 춘양면보다 더 셌으리라는 추측은 가능하다. 65년이 지난 지금은 석정리역도 폐역되었으니 더는 혼동되는 일도 없다.

석정리역의 모습은 책에서도 만나볼 수 있다. 윤주영 작가의 사진 에세이《석정리역의 어머니들》에서 매일 아침 비둘기호를 타고 남광주역 앞 반짝 시장으로 채소와 과일을 팔러 다니던 어머니들의 모습이 흑백사진으로 생생히 담겨있기 때문

석정리역

석정리역을 통과하는 열차

이다. 하나 더, 아침마다 석정리역을 찾아오는 안개가 책에 녹아들어 있다.

15년 전 그날도 안개를 뚫고 통근 열차가 왔고, 열차에서는 아주머니 한 분이 내렸다. 보기에도 무거운 고무대야 두 개를 열차에서 끌어낸 후에야 열차는 떠났다. 아주머니는 매일같이 벌교에서 꼬막과 생선을 싣고 와 춘양시장에서 판매하기 위해 석정리역에서 내렸다고 한다.

물으나 마나 한 질문을 또 한다. 힘들지 않으시냐고, 장사는 잘 되시냐고……. "괜찮다."며 "오늘 얼른 다 팔고 오후 기차 타고 집으로 돌아가는 게 목표"라는 아주머니의 무표정한 모습은 강하고 아름다웠다. 아주 짧은 시간 쉬었다가 기막힌 솜씨로 두 개의 고무대야를 머리에 훌쩍이더니 뒤도 안 돌아보고 시장을 향해 힘차게 출발하신다.

7) 평화역

평화역은 전라남도 순천시 해룡면에 위치한 경전선의 간이역으로, 1967년 2월 배치 간이역으로 개업했다가 2년 만에 무인화와 함께 을종 대매소로 지정되었다. 역명 유래도 인근 마을 이름인 '평화마을'의 명칭을 그대로 따서 자연스럽게 평화역이 되었다. 1978년부터는 무배치 간이역으로 전환하여 2002년 12월 20일 폐역되었고, 역사도 철거되었다. 이용객 감소는 순천시의 확장과 버스 교통의 발달에 따라 자연스럽게 진행되었다.

평화역은 폐역 이후에도 짧은 기간 적지 않은 여행자들이 다녀갔다. 오로지 역명 때문에 입소문을 타고 '평화역'이라는 과거의 존재를 알게 된 사람들이 그 이름만 듣고 역 터를 찾아오기 시작한 것이다. 역무원도 존재하지 않고 여객영업 집계표에도 잡히지 않으니 도무지 그동안 몇 명이나 찾아왔는지 알 길은 없지만, 인터

옛 평화역 모습(2002년 폐역으로 철거)

가로등이 있는 평화역 터

넷 검색창에서 '평화역'으로 검색하면 한때 200여 건이나 되는 포스트 검색 결과가
나올 정도였다.

봄이면 플랫폼 주위로 유채꽃이 피고, 가을이면 주위 건널목에 백일홍이 꽃을
피우는 공간, 역사(驛舍) 한쪽에 자라던 역목(驛木)은 남아 그 흔적을 남기고 있지
만, 철도역 터가 아니었다면 그 자체로 눈에 띄는 풍경은 아니었을 것이다. 일본에
서도 역명을 활용한 관광지화의 유사한 사례가 적지 않다. 대표적으로 폐선된 홋
카이도 히로오선의 '애국(愛國)역'이나 '행복(幸福)역'이 좋은 사례일 것이다.

2002년 역사 철거 이후 플랫폼과 구내 가로등 세 개가 그대로 남아 역사의 모습
을 짐작할 수 있었으나, 현재의 역 터는 경전선 복선전철화 이후 시민들의 산책로
로 활용되고 있고, 인근 위치에 경전선과 전라선 신호 제어를 위한 평화 신호장이
새로 지어졌다. 지금은 사람들의 기억에서 잊힌 간이역이지만, 삶이 팍팍해질수록
평화를 찾는 수요는 늘어날 것이고 역 터를 평화를 구하는 사람들이 찾는 쉼터로

공원이 된 평화역 터(2022년 1월 촬영)

꾸민다든지 역명판을 새롭게 만드는 등의 방법으로 활용할 수도 있을 것이다.

8) 명봉역

명봉마을에 철도가 깔리고 명봉역이 들어서서 기차가 서기 시작하면서 마을 규모도 커졌고, 주변 광산의 개발로 또 한 번 발전을 거듭하여 1980년대 중반에는 하루 평균 400~500명이 이용하는 분주한 역이 되었다. 그러다 폐광과 농촌 인구 감소로 다시 이용객이 줄어들어 이제는 하루 10명 이하가 이용하는 작은 역으로 남았다.

역사는 붉은 벽돌을 사용한 1950년대 건축물로서 한국에서 몇 남지 않은 6 · 25 전쟁 직후의 역사라는 점에서 역사적인 가치가 있어 한국철도공사가 지정한 준철도 기념물로 등재되었다. 역 구내에서 보면 상하행선 모두 곡선이어서 TV나 드라

명봉역과 역명판

명봉역 구내와 주변 마을

명봉역의 벽화와 작은 광장

마 촬영 시 극적인 효과를 더하는 장소로도 자주 쓰였다.

　이용객 감소를 거듭하던 2003년에 명봉역이 다시 한번 주목받는 일이 있었는데, 매우 높은 시청률을 기록했던 드라마 '여름 향기'에서 두 남녀 주인공이 이별하는 장면을 명봉역에서 촬영하면서 적지 않은 국내외 관광객들이 찾아온 것. 지금은 두 스타의 사인이 걸린 드라마 사진 몇 장이 전부지만, 여전히 드라마를 기억하는 사람들의 발길이 이어진다.

　경전선 명봉역은 지금도 여객열차가 정차하고 있고 역 구내도 잘 관리되고 있다. 철도를 좋아하고 명봉역을 아끼는 김동민 명예역장의 노력으로 역사 내부는 간이 철도 사진 전시관이 되었다. 역 광장에는 이 지역 출신 문정희 시인의 시비가 서 있고, 언제 가도 깔끔한 주변 환경이 반겨주는 간이역이 되어 지역신문 등을 통해 입소문을 타고 있다. 역 맞이방에 전시된 사진들은 명봉역 명예역장이 직접 찍은 명봉역과 서부 경전선의 사계절을 고스란히 담아놓은 사진들이어서 다른 곳에서 보기 힘든, 간이역과 철도를 주제로 한 작품들을 감상할 수 있다.

현재는 명봉마을 인구가 많이 감소한 채 마을의 모습만 유지되고 있으나, 명봉역의 역사적인 가치와 역 구내의 경관 가치, 다양한 영상 제작 및 명예역장의 역사 가꾸기 노력 등을 종합하면 향후 철도문화유산으로서 다양하게 활용할 수 있는 여지를 남기고 있는 사례라 여겨진다.

제5장

맺는말

제5장 맺는말

이 책에서는 우리나라의 지형과 교통 그리고 경제적인 현상을 연결하여 설명해 보려고 했다. 역사는 과거와 현재의 대화이며, 오늘의 우리는 역사적인 산물로 우리나라의 지형과 전근대 교통망과 근대 교통망을 연결하여 약 200년의 기간에 걸쳐 살펴보았다.

우리나라의 교통망은 경제 및 지리적인 특성을 반영하여 형성되었다. 동고서저의 지형적인 특징, 남북으로의 백두대간, 반도적인 특성인 해양과 대륙과의 연계 등을 반영하여 조선 시대 도로 10로가 형성되었고, 수운의 경우에도 높은 지형의 동쪽에서 서쪽이나 남쪽으로 흐르는 형상으로 경제와 국방 등의 이유로 사람들이 이곳 중심으로 거주하였다.

조선 시대의 도심은 지방관이 파견된 목을 중심으로 발전하였는데, 경부 축에는 경주와 안동, 상주 등과 호남 축에는 전주와 광주, 나주, 충청도에는 충주와 청주, 공주, 경기 쪽에는 한성(서울)과 광주, 여주, 강원도에는 원주, 북쪽으로는 개성과 평양, 정주, 의주, 함흥, 길주 등이었다. 이러한 목을 연결하는 남북으로 도로망이 형성되었고, 상대적으로 동서축이 발달하지 못한 강원도 지역은 원주와 강릉 정도가 그나마 인구가 밀집하는 곳이었다. 조선 시대 후기의 인구 5,000명 이상의 도시는 경기에 한성과 개성, 강화, 광주, 양주, 충청에 충주와 공주, 당진, 청주, 부여, 온양, 아산이었다. 전라도는 전주와 나주, 광주, 태인, 제주, 경상도는 동래와 밀양, 부산, 진주, 거제, 대구, 상주, 안동, 경주, 의성이었다. 황해도는 해주와 평화, 황주 연안이었으며, 평안도는 평양과 의주, 영유, 성천, 선천, 정주, 안주, 창성, 초산, 상원, 철산, 덕산, 가산 등이었다. 함경도는 경성과 길주, 단천, 영천, 함흥, 홍원으로 교통망과도 밀접한 관련이 있다. 이러한 도시는 주로 내륙에 위치하고 전통성을 간직한 도시로 현재 발전된 지역과의 거리가 있음을 알 수 있다.

당시의 교통상황을 살펴보자.

근대의 도로는 2, 3개 간선에는 차량이 통행할 수 있었지만, 폭은 한 간(1.8m) 정도의 협소한 길이었으며, 지형에 따라 구배가 심하고 요철이 많았다.

또한 하천에는 다리도 없어 작은 개울은 도보로 걷고 큰 강에는 나룻배가 고작이었다. 장마철에는 교통이 두절되고 물줄기를 기다릴 뿐이었다. 여객은 도보로 걷고 말 등이나 가마를 이용하고, 화물은 지게에 지고 소나 말 등에 싣고 다녔다.

수운의 경우 중앙집권의 영향으로 전국적으로 발달한 수운망의 경우도 서울의 경창으로 우선 수송되고 다시 지방으로 배분되는 형상이었다.

개항과 더불어 신문명의 산물인 철도가 우리나라에 출현하였다. 철도망은 우리나라의 지형과 도로망 등 내륙 교통망을 반영하여 기본적인 골격은 도로망과 유사하였다. 그런데도 철도 노선은 새로운 도시를 만들었고, 수운망과는 다른 내륙 수송으로 발전 양상을 보였다.

한편 연항 항로를 보면 1911년 말 부산을 중심으로 하여 남해안 노선이 많았지만, 1915년 9월에는 동해안과 서해안 노선이 증가하여 이동이 많아졌다. 1915년 9월 국제항로를 보면 개항지를 중심으로 국제항로가 개설되었음을 알 수 있으며, 우리나라는 부산과 인천의 국제선 기항 횟수가 특히 많았다.

1913년의 1 · 2등 도로와 조선 시대 10로를 비교해 보면, 도로인 의주선과 원산선은 1로, 2로와 노선이 거의 일치하고, 부산은 4로, 목포는 6로와 유사하다. 다른 것은 철도 경부선을 따라 천안~대전~김천을 통과하는 간선도로가 부설되었다는 것과 철도 평원선을 따라 평양~원산 간의 도로가 건설되었다는 것이다. 아울러 개항지인 부산과 마산, 목포, 군산, 인천, 진남포, 원산, 성진을 연결하는 도로망이었다.

이는 우리나라 교통망이 조선 시대의 도로망을 기본으로 하되, 개항지와 경부선, 경의선, 호남선, 경의선 등 내륙 철도망과 연계되어 도로가 형성되었음을 알 수 있다. 이는 우리나라의 근대 교통망의 경우 철도가 군사·외교적 목적으로 내륙 간선 교통망으로 먼저 건설되었고, 도로는 이후 철도역과 경제적 자원소재지, 도청소재지를 연결하는 특징을 가지고 있다고 하겠다.

이처럼 근대 교통망에서 철도의 위상은 매우 커서 철도 중심으로 도시가 형성되었다. 1905년 경부선과 경의선, 1914년 호남선과 경원선이 완공되면서 조선 시대에 발달하였던 도시와 다른 새로운 도시들이 철도 부설과 함께 성장하였고, 기존의 도시보다 신흥도시 중심으로 발전하는 양상을 보였다. 1905년 경부선의 개통으로 서울과 부산 간 이동시간이 14일에서 14시간으로 단축되어 시간과 공간의 지도가 바뀌게 되었다.

철도와 도청소재지의 이전도 깊은 관련이 있는데, 1910년에는 경기도 도청소재지를 수원에서 경성부로, 1920년에는 함경북도 도청소재지를 원산에서 나남(청진)으로, 1923년에는 평안북도 도청소재지를 의주에서 신의주로, 1925년에는 경상남도 도청소재지를 진주에서 부산으로 각각 이전하였다. 모두 철도가 지나가는 곳이었다. 전통적으로 대구와 공주, 상주, 의주, 전주, 광주, 함흥이 발달하였는데, 철도 개통 이후 각각 부산과 대전, 김천, 신의주, 익산, 군산, 목포, 원산 등의 도시가 번성하게 되었다.

당시 철도의 지역에 대한 영향력은 절대적이었다. 그러나 이러한 변화는 1960년부터 시작한 도로의 급격한 건설로 변화를 겪게 된다. 전국 어디나 도로로 접근할 수 있는 교통망이 형성되자 지역까지 철도가 부설되지 않은 철도산업은 침체기를 걷게 되었다.

철도가 만든 도시로는 개항장과 연결되고, 내륙의 철도가 부설된 부산과 대전, 익산, 신의주 등이 대표적인 도시이다.

한편 철도망으로 공주와 강경, 영산포, 충주 등 대표적인 수운과 연계된 도시들이 쇠퇴하였다.

철도의 발전에도 새로운 변화가 있었다. 1970년까지 절대적인 우위에 있었던 철도는 고속도로와 자동차 수송으로 쇠퇴의 일을 걸었고, 발달한 철도역 주변보다는 새로운 신도심이 발전하는 양상을 보였다. 수원과 천안, 대전, 대구, 부산 등의 철도역 중심의 발전에서 자동차로 이동이 편리한 지역으로 발전 축이 옮겨가게 되었다. 이 당시 쇠퇴한 지역의 지방철도 일부가 폐선되거나 폐역되는 모습을 보였다.

1980년대에 들어서면서 자동차 교통의 한계와 에너지 문제 등으로 철도는 새로운 양상을 보이게 되었다. 1990년대 기획된 고속철도는 2004년에 개통되어 우리나라 철도의 새로운 도약과 함께 지역도 고속철도역과 영향권 중심으로 변화하게 되었다.

신정부는 새로운 교통정책과 지역 균형 발전 공약을 제시하고 있다. 이 중심에 우리나라 교통의 대동맥인 고속철도가 있어 그 영향력이 확대되는 전략이 필요하다. 아울러 인구감소와 지역 경제의 침체 등으로 이를 해결하는 방안으로 역세권 중심의 콤팩트 도시의 개념이 생겨 새로운 지역 발전이 모색되어야 한다.

지금까지 조선 중·후반부터 현재까지 역사적인 시간을 두고 교통망과 지역의 상호 변화를 함께 살펴보았다. 이제 글을 맺으려고 한다. 우리의 삶은 지역과 교통 그리고 경제적인 현상이 복합적으로 이루어진 것이라는 생각이 다시 한번 머리에 자리 잡게 된다.

참고문헌

[4장] 3. 부산

고동환(2015), 《한국 전근대 교통사》, 들녘

이상규(2019), 《부산지방의 초기 기독교》, 한국교회와 역사연구소

이용상 외(2021), 《역사와 통계로 본 한국 철도의 여정》, SR

국토교통부(2019), 《신한국철도사 총론》

仲摩照久 외(1933), 《日本地理風俗大系-朝鮮編》, 新潮社

조선총독부 철도국(1914), 《조선철도역세일반》

선교회(1986)), 《조선교통사》, 삼신사

조선총독부 통계연보

ジャパン・ツーリスト・ビューロー(1934년), 《旅程と費用概算》, 博文館

부산시청 홈페이지(https://www.busan.go.kr)

[4장] 4. 대전

정재정(1982) '한밀 일제 초기(1905~1916년) 철도운수의 식민지적 성격' (상),

〈한국학보〉 38, 일지사

정재정(1982), '한말 일제 초기(1905~1916년) 철도운수의 식민지적 성격' (하),

〈한국학보〉 39, 일지사

이용상 외, 《한국 철도의 역사와 발전 3》, 2015년, 북갤러리

변평섭(1972), 《한밭승람》, 호서문화사

통감부 철도관리국(1908), 《한국철도선노안내》

田中麗水(1917), 《大田発展誌》, 2000년, 경인문화사

조선총독부 철도국, 《조선 철도연선요람》, 1927년

《조선풍속대계》, 1932년, 신광사

《조선도읍대관》, 1937년, 민중시론사

선교회, 《조선교통사》, 1986년, 삼신사

홍이표, 홍승표, 《대전제일교회 100년사》, 2008년

[4장] 5. 익산

김종헌, 《역사의 역사》, 배재대학교 출판부, 2004년

이용상, 도도로키 히로시 공저, 《한국 철도의 역사와 발전 2》, 2013년, 북갤러리

철도시설공단, 《호남고속철도 개통에 따른 효과분석》, 2015년

철도청, 《철도건설사》, 1969년

통계청, 《인구연감》 연도별 자료

矢島佳, '植民地朝鮮における国有鉄道12箇年計画', 《歴史と経済》206,

2010年 1月

角本良平, 《鉄道政策の検証》, 白桃書店, 1989년

《일본지리풍속대계》, 신광사, 1932년

조선총독부 철도국, 《조선철도역세일반 상권》, 1914년

조선총독부 철도국, 《조선철도여행안내》, 1915년

조선 7 총독부, 《조선철도여행편람》, 1923년

남만주철도주식회사, 《조선의 사설철도》, 1925년

조선척식자료조사회, 《조선철도연선요람》, 1927년

민중시론사, 《조선시읍대관》, 1937년

조선총독부 철도국, 《조선철도 40년 약사》, 1940년

선교회, 《조선교통사》, 1986년

조선총독부 철도국, 《조선총독부철도국연보》

[4장] 6. 강경

이중환(2007), 《택리지》, 허경진 옮김, 서해문집

조선총독부, 《조선철도역세일반》, 1914년 발행

조선총독부, 《조선통계연보》, 각 년도

조선통부, 《조선철도연선요람》, 1927년 발행

김민영, 김양규(2005), 《철도, 지역의 근대성 수용과 사회경제적 변용 – 군산선과 장항선 –》, 선인출판사(Sunin Press), 서울

송경언(2009), '금강 유역 관문 도시의 교통 변천에 따른 공간적 특성변화 : 군산과 강경을 대상으로', 〈한국지역지리학회지〉, 제15권 제3호, 2009년

K.E. Song(2009), Transportation Impacts on the Spatial Characteristics of Gateway Cities in the Geum River Basin, Korea : A Case of the Gusan and the Gangyeong, Journal of the Korean Association of Reginal Geographers, Vol. 15, No. 3.

M.Y.Kim(2006), The Rise and Fall of water Transportation at Keum River in the beginning of the 20C's and Regional Socio-Economic Historical Significations, Journal of Korean Regional Development, Vol. 6, No. 1, 2006. 8.

[4장] 7. 장항

박재민, 성종상, '장항의 산업유산분포 현황과 도시형성 과정', 〈국토지리학회지〉 제46권 2호, 2012년, pp.107~120

김종헌, 《역사의 역사》, 배재대학교 출판부, 2004년

이용상, 도도로키 히로시 공저, 《한국 철도의 역사와 발전 2》, 2013년, 북갤러리

허우긍, 《일제강점기의 철도수송》, 서울대학교 출판문화원, 2010년

철도청, 《철도건설사》, 1969년

통계청, 《인구연감》 연도별 자료

阿部薫, 《延び行く長項》, 1930년, 경성 : 민중시론사

矢島佳, 「植民地朝鮮における国有鉄道12箇年計画」, 《歴史と経済》206, 2010年 1月

角本良平, 《鉄道政策の検証》, 白桃書店, 1989년

《일본지리풍속대계》, 신광사, 1913년

조선총독부 철도국, 《조선철도역세일반 상권》, 1914년

조선총독부 철도국, 《조선철도여행 안내》, 1915년

조선총독부, 《조선철도여행편람》, 1923년

남만주철도주식회사, 《조선의 사설철도》, 1925년

조선척식자료조사회, 《조선철도연선요람》, 1927년

민중시론사, 《조선시읍대관》, 1937년

조선총독부 철도국, 《조선철도 40년 약사》, 1940년

선교회, 《조선교통사》, 1986년

조선총독부 철도국, 《조선총독부철도국연보》 각 연도

[4장] 8. 황간

통감부 철도관리국, 《한국철도노선안내》, 1908년

조선총독부 철도국, 《철도역세일반》, 1914년 2월

조선총독부 철도국, 《조선철도연선요람》, 1927년

《조선풍속대계》, 1932년, 신광사

국토지리정보원 고지도

철도문화재단의 연혁 및 사업

1. 연혁

- 2009년 9월 국토교통부 비영리 재단법인으로 출범
- 재단의 사업내용(정관)
- 철도 관련 교육 및 문화보급
- 철도 관련 조사 및 출판
- 수익사업 운영(용역사업과 박물관 내 사업 등)
- 해외철도협력
- 철도 관련 홍보 사업
- 철도 꿈나무 육성사업

2. 주요 사업

1) 철도문학상 개최(2003년~2022년 동안 8회 개최)
- 국토부, 국가철도공단, 철도공사, SR, 철도기술연구원, 철도문화재단 공동주관

2) 2022년 '철도의 날' 기념 사진전 개최
- 기억과 기록으로 본 한국철도

3) 유라시아 철도기행 (2015년 10월)

- 철도공사와 공동주관으로 유라시아 철도기행 및 국제세미나 개최

4) 《신 한국철도사》 출간(2017년 ~ 2019년)

- 국토교통부 발주 《신한국철도사》 발간(철도협회 협력)
- 총론 1권, 각론 3권, 사진으로 본 한국철도사, 영문철도사, 알기 쉬운 철도사(총 7권) 출간

5) 철도문화재단 총서 발행 및 번역서 출간

- 《지역사회 발전과 철도의 역할》(2022년 12월 총서 1 발간)
- 《조선교통사》 번역 출간(전 5권, 2020년 완간)

3. 2023년 사업

1) 《고속철도 20년사》 출간 과제수행
2) 2023년 '철도의 날' 기념 9회 철도문학상, 철도사진전 개최
3) 철도문화재단 총서 2 출간
4) 기타 철도 관련 문화사업

홈페이지 www.krcf.kr

주소 및 문의

(06367) 서울 강남구 광평로56길 8-13, 411호

TEL : 02-2226-8098 / FAX : 02-2226-9948 / krcf@hanmail.net (문의)

2022년 12월 1일 기준